职业教育**经济管理类**
新形态系列教材

U0688930

商务数据
分析及应用

ECONOMICS AND MANAGEMENT

帅青红 / 主编
李晓林 马啸天 郑应松 / 副主编

人民邮电出版社
北 京

图书在版编目（ＣＩＰ）数据

商务数据分析及应用：微课版 / 帅青红主编. --
北京 ：人民邮电出版社，2023.10
职业教育经济管理类新形态系列教材
ISBN 978-7-115-61950-1

Ⅰ．①商… Ⅱ．①帅… Ⅲ．①商业统计－统计数据－
统计分析－教材 Ⅳ．①F712.3

中国国家版本馆CIP数据核字(2023)第105873号

内 容 提 要

本书共 8 个项目，分别为初识商务数据分析、商务数据的获取与管理、市场和行业数据分析、竞争对手数据分析、商品数据分析、销售数据分析、客户数据分析、商务数据可视化与分析报告。

本书采用项目任务式结构，讲解商务数据分析的相关理论及应用知识，注重培养读者的实践与应用能力。本书围绕电商店铺运营中的商务数据展开，列举大量的实用商务数据分析案例，帮助读者学习和理解各种数据分析知识，并能将这些知识熟练地应用到实际工作中。

本书可作为数据科学与大数据技术、市场营销、工商管理、电子商务等相关专业的数据分析课程教材，也可作为企业内部的数据分析培训教材，还可作为商务数据分析从业者的参考书。

◆ 主　　编　帅青红
　　副 主 编　李晓林　马啸天　郑应松
　　责任编辑　孙燕燕
　　责任印制　李 东　胡 南
◆ 人民邮电出版社出版发行　　北京市丰台区成寿寺路 11 号
　　邮编　100164　电子邮件　315@ptpress.com.cn
　　网址　https://www.ptpress.com.cn
　　三河市君旺印务有限公司印刷
◆ 开本：700×1000　1/16
　　印张：13.75　　　　　　　　2023 年 10 月第 1 版
　　字数：247 千字　　　　　　 2024 年 8 月河北第 3 次印刷

定价：55.00 元

读者服务热线：**(010)81055256** 印装质量热线：**(010)81055316**
反盗版热线：**(010)81055315**
广告经营许可证：京东市监广登字 20170147 号

PREFACE

前　言

随着信息技术的快速发展，数据的重要性逐渐体现出来。例如，医生可以通过分析数据，查找疾病产生的原因并确定疾病的治疗方法；警察可以通过分析数据，更快地侦破案件，维护社会安定。对企业而言，日常的经营过程也会产生大量的商务数据，特别是销售数据、库存数据、推广数据、客户数据等，同时，企业也需要获取更多的市场数据和竞争对手数据，以更好地应对市场竞争。

如果仅拥有大量数据，却无法从这些数据中挖掘出有价值的信息，对企业而言是毫无价值的。因此，在现代社会，商务数据分析变得越来越重要，谁能获取更多的数据，并从这些数据中找到潜在的价值，谁就可以率先采取措施，在市场竞争中得以生存和发展。

随着商务数据的规模越来越大，数据更新的速度越来越快，传统的数据分析方法已经很难满足企业的需求。为了帮助读者更好地完成商务数据分析工作，本书以电商店铺（以下简称"店铺"）为分析对象，介绍涉及店铺运营的各种常用数据分析方法。这些方法实用性很强，便于操作与实践，可以帮助读者切实掌握数据分析的方法与技能。

本书共8个项目，每个项目讲解的具体内容如下。

项目一：主要讲解数据与商务数据的概念，商务数据分析的原则、方法、指标、流程等内容。

项目二：主要讲解商务数据的获取、采集、清洗、管理等内容。

项目三：主要讲解市场数据和行业数据的作用、分析方法等内容。

项目四：主要讲解竞争品牌数据、竞争店铺数据和竞争商品数据等的分析。

项目五：主要讲解商品流量数据、商品定价数据和商品库存数据等的分析。

项目六：主要讲解销售数据、交易数据、推广数据和利润数据等的分析。

项目七：主要讲解客户画像、客户生命周期与忠诚度、客户价值等内容。

项目八：主要讲解商务数据可视化与撰写商务数据分析报告等内容。

本书具有以下特色。

（1）重视实践应用。本书的每个项目都包含若干任务，读者可以在完成任务的过程中掌握解决实际问题的方法。同时，每个项目还设置有任务实训、课后习题、拓展阅读等栏目，读者通过这些项目可以进一步巩固和练习所学知识，掌握更多有实用价值的内容。

（2）重视人才素养。本书全面贯彻党的二十大精神，以社会主义核心价值观为引领，以培养德才兼备的高素质人才为目的，在大多数项目中设置了"素养提升"栏目，使读者在学习知识与技能的同时，能够树立正确的工作态度和职业精神，养成良好的职业道德和工作作风，成为国家和社会需要的高素质人才。

（3）配套资源丰富。本书提供大量的二维码资源，读者可以扫描书中二维码观看相应视频，更好地学习相关知识。同时，本书还提供了精美的 PPT 课件、教学大纲、习题答案、电子教案等资源，用书教师可自行通过人邮教育社区（www.ryjiaoyu.com）免费下载。

本书由帅青红担任主编，李晓林、马啸天、郑应松担任副主编。在编写本书的过程中，编者查阅了国内多位专家、学者的著作或译著，以及许多同行的相关教材和案例资料，在此对他们表示衷心的感谢！

由于编者水平有限，书中难免存在不足之处，恳请读者批评指正。

编　者

2023 年 5 月

CONTENTS

目　录

项目一

初识商务数据分析

【知识目标】

◎ 熟悉数据、商务数据等基本概念。

◎ 掌握商务数据分析的原则与方法。

◎ 掌握商务数据分析的指标与流程。

【技能目标】

◎ 能够根据不同的数据环境选择合适的数据分析方法。

◎ 能够合理运用数据分析指标。

【素养目标】

◎ 培养重视数据的意识。

◎ 正确认识数据分析的重要性。

小米是一家主营男装套装销售企业的职员，企业的销售渠道以网络销售为主，并在淘宝和京东开设有专卖店。在"信息时代"的大背景下，企业意识到数据的重要性，成立了专门的数据分析部门，负责分析店铺运营过程中产生的各种数据，为企业决策提供有价值的信息。小米在部门负责人老张的推荐下进入了数据分析部门，为了让小米重视数据分析工作，老张要求小米对商务数据分析有全面的认识和深入的理解。

任务一 认识数据与商务数据

虽然小米对数据的重要性有一定的认识，但她并没有系统地接受过相关的专业教育或培训，对数据的定义、商务数据的定义等并不了解。老张在了解小米的实际情况后，决定先给小米好好上一堂数据基础课程。

一、数据的定义、价值与分类

在信息时代，"数据"这个词对我们而言并不陌生，但到底什么是数据？它有什么价值？又有哪些类别？这些问题是值得我们探讨的。

1. 数据的定义

数据是指描述事件或事物的属性、过程及其关系的符号序列，是对客观事物的性质、状态以及相互关系等进行记载的物理符号或这些物理符号的组合。数据可以是能够识别的、抽象的数字、文字、符号；可以是具有一定意义的图形、图像、视频、音频；也可以是客观事物的属性、数量、位置及其相互关系的抽象表示。在计算机科学中，数据指所有能输入计算机中并被计算机程序处理的符号的总称。

> 🎓 **小提示**
>
> 数据不是信息，与信息相比，数据本身没有确切的含义，例如"86"是一个数据，它可以是学生人数，也可以是某学科的考试成绩，还可以是某人的体重等。数据和信息是不可分离的，数据是信息的表现形式和载体，信息则是数据的内涵。换句话说，信息依赖数据来表达，数据则可以生动又具体地表现信息。

2. 数据的价值

在信息化的现代社会，越来越多的企业和个人重视和依赖数据，这是因为数据具有其自身特有的价值。

首先，数据能够告诉我们过去发生了什么。以企业为例，企业在运营过程中会产生各种各样的数据，如销售数据、采购数据等。这些数据能够体现企业在过去一定时期内的运营表现是好是坏，各项业务的开展情况是否正常等。

其次，数据能够告诉我们为什么会发生这些情况。利用获取的数据，我们可以使用对比等各种分析方法来了解发生当前情况的原因。例如当企业发现销售额下降时，可以分析影响销售额的相关数据，如客流量、购买率等，如果发现购买率整体变化不大，而客流量明显下降，则可以推断销售额下降与客流量下降有极大的关系。

最后，数据能够告诉我们未来可能会发生什么。例如将过去一年的销售数据以月份为单位进行统计分析，就可以确定销售旺季和销售淡季分别对应哪几个月份。

根据数据统计分析结果,在销售旺季到来之前,企业可以提前做好库存管理、宣传、配送等各项工作;在销售淡季到来之前,企业可以提前做好清仓、促销等准备。

3. 数据的分类

数据可以分为4类,即定类数据、定序数据、定距数据和定比数据。

(1)定类数据。这类数据只能对事物进行平行分类和分组,数据表现为"类别",各类数据之间无法进行比较。如店铺将客户青睐的商品颜色分为红色、蓝色、黄色等,红色、蓝色、黄色等定类数据,这些数据之间的关系是平等或并列的,没有等级之分。为了方便处理和分析数据,店铺往往会为各类数据指定相应的数字代码,如"1"表示红色、"2"表示蓝色、"3"表示黄色等,但这些数字代码只是符号,不能进行运算。

(2)定序数据。这类数据可以在对事物分类的同时反映各数据类别的顺序,虽然数据表现仍为"类别",但各数据类别之间是有序的,可以比较优劣。如用"1"表示小学、"2"表示初中、"3"表示高中、"4"表示大学等,就可以反映出各对象受教育程度的差异。虽然这种差异不能准确度量,但是可以确定其高低顺序。

(3)定距数据。这类数据不仅能比较各类事物的优劣,还能计算出事物之间的差异大小,数据表现为"数值"。如李某的英语成绩为80分,孙某的英语成绩为85分,则可知孙某的英语成绩比李某的高5分。需要注意的是,定距数据可以进行加、减运算,但不能进行乘、除运算,其原因在于定距数据中没有绝对零点(量表上标0的地方,表示所要测量的属性为无)。

(4)定比数据。这类数据也表现为"数值",可以进行加、减、乘、除运算,没有负数。与定距数据相比,定比数据存在绝对零点。如温度就是典型的定距数据,0℃一般用来表示水结冰的温度,并不是绝对零点。但对销量而言,"0"就表示没有销量,属于绝对零点,所以销量属于定比数据。在实际生活中,"0"在大多数情况下均表示事物不存在,如长度、高度、利润、薪酬、产值等。在商务数据分析领域,我们接触的数据多为定比数据。

二、商务数据的特性与分类

商务数据可以简单理解为在一切与买卖商品相关的商业事务中产生的历史数据和即时数据的集合,如企业的内部数据、分销渠道数据、消费市场数据等都属于商务数据。下面对商务数据的特性和分类等进行介绍。

1. 商务数据的特性

商务数据不同于其他数据,它通常具有样本量大、关联性强和时效快等特性。

（1）样本量大。为了确保商务数据分析结果的准确性，需要尽量分析足够多的数据，即样本量要足够大。例如，分析店铺客户的性别构成时，如果以店铺一天的客户数据来分析，可知女性客户186人、男性客户179人，于是就得出店铺客户性别构成基本相当的结论，难免有失偏颇。为了真正反映出店铺的客户性别构成，需要扩大样本量，如分析1个月、3个月、6个月或1年的客户数据，这样分析出的结果会更为准确。

（2）关联性强。商务数据具有较强的关联性。例如，利润与销售额、成本相关，而销售额与访问量、点击率、下单率、转化率、客单价等因素相关，成本则与采购价、员工工资等因素相关，因此如果分析利润的变化情况，就需要分析与销售额、成本相关的各种数据。再如，某店铺对某商品进行了优化，然后发现一周后该商品的访问量和销量都有所增长，就得出这次优化工作取得了成功的错误结论，因为商务数据具有关联性强的特性，所以还需要综合考虑其他有关联的数据，如是否正值销售旺季、是否有其他推广活动或关联销售等。总而言之，因为商务数据具有关联性强的特性，所以在进行数据分析时需要面面俱到，考虑周全，才能得到正确的结论。

（3）时效快。商务数据具有较强的时效性，这与现代商务的变化快、数据产生的速度快等因素有关。同时，客户的喜好和购物习惯、电商平台的各种规则等都在不断地发生变化。因此，在分析数据时需要采集一些实时数据，并尽快分析出结果，才能提高企业制订计划的效率。

2. 商务数据的分类

商务数据分为数字类数据、图形类数据、图表类数据等。

（1）数字类数据。数字类数据是直接使用数字和单位（有时没有单位）进行计量的一类数据，如600次、3千克等。图1-1所示为以数字类数据显示的支付金额贡献较大的商品，并显示了各商品的支付金额、增长贡献、较日常变化量、较日常变化率等数据情况。

以下商品带动支付金额上升，可展开查看（4条记录）				
贡献支付金额上升TOP商品	支付金额/元 ⇅	增长贡献⑦ ⇅	较日常变化量⑦ ⇅	较日常变化率⑦ ⇅
2023秋季新款破洞牛仔裤男宽松直简贴布九分潮流男士潮牌长裤	118.00	+21.15%	+100.30	+566.67%
秋冬款浅蓝色牛仔裤男宽松直简韩版潮流蓝色绑腿裤男生港风休闲	98.00	+20.67%	+98.00	>999%
夏季浅色破洞牛仔裤男潮牌九分裤刮烂乞丐裤宽松小脚韩版潮流	108.00	+14.80%	+70.20	+185.71%
2023新款牛仔裤男蓝色潮牌潮流宽松直简哈伦韩版九分裤子秋季	108.00	+7.97%	+37.80	+53.85%

图1-1 以数字类数据显示的支付金额贡献较大的商品

（2）图形类数据。图形类数据普遍应用在关键词、人群画像等方面。图1-2所示为以图形类数据显示的预测未来销量较好的商品，圆形面积越大，表明销量越好。

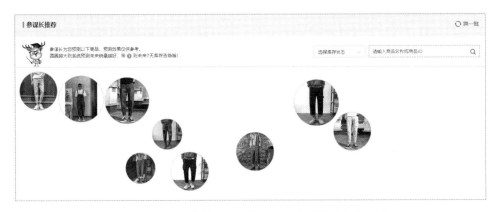

图1-2　以图形类数据显示的预测未来销量较好的商品

（3）图表类数据。图表是经常用于数据分析的一种可视化数据类型，它可以将枯燥的数字类数据转换为更直观的图表来显示。图1-3所示为以图表类数据显示的推广金额消耗的情况和变化趋势。

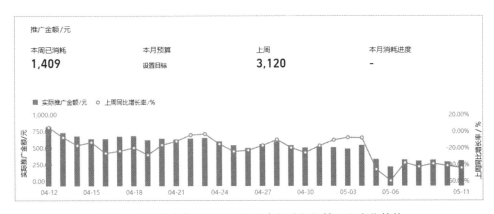

图1-3　以图表类数据显示的推广金额消耗的情况和变化趋势

三、商务数据与大数据的联系

从表面上看，商务数据和大数据是两个不同的概念，但实际上两者是有紧密联系的。

1. 大数据的概念

大数据是互联网技术快速发展的产物，是指以多元形式，通过多种途径搜集而来的庞大数据组，又称巨量资料、海量资料。大数据无法在一定时间范围内用常规软件工具进行捕捉、管理和处理，其特性包括体量大、产生速度快、类型多、价值密度（单位数据内所产生的有价值的信息量）低。

（1）体量大。大数据是互联网的产物，而互联网上每天产生的数据非常多，这就导致大数据的体量大。例如，店铺在日常运营过程中生成、累积的订单数据、客户数据，由于不断地有客户进出、下单，因此数据也在不断增加。

（2）产生速度快。随着网络传输技术的不断发展，数据的产生和传输都越来越快。无论是企业经营管理，还是个人在网络上上传短视频、发表评论等，每时每刻都会产生大量的数据。实时交易、在线培训、即时通信等行为也会产生各种实时的数据。因此，大数据的产生速度是非常快的。

（3）类型多。大数据的类型包括文字、图片、视频、音频等常见的数据类型，也包括地图定位数据、网络日志数据等少见的数据类型。一方面，数据类型的多样化使大数据具有更高的价值，我们可以在大数据中找到自己需要的各种类型的数据；另一方面，数据类型的多样化使数据的挖掘和分析更加困难，获取数据中有价值的信息变得更加麻烦。

（4）价值密度低。由于大数据具有上述 3 种特性，因此其价值密度非常低，为了从繁多低密度的数据中获取有价值的信息，需要借助各种先进的理论和工具来实现。实际上，大数据的价值主要在于从大量不相关的各种类型的数据中挖掘出对评估历史和未来趋势变化有价值的数据，并通过机器学习、人工智能等各种方式，发现其中的新规律和新知识。

2．了解商务数据与大数据的联系

随着信息化社会的不断完善，电子商务也日益普及，许多企业和个人都开始涉足这个领域。无数企业或个人在各个电商平台经营自己的店铺，每天都会产生大量的商务数据。从这个角度出发，商务数据可以看作商务领域中的大数据，因此它也具有大数据的各种特性，如体量大、产生速度快、类型多、价值密度低等，这也是要对商务数据进行分析的原因。

任务二　商务数据分析的原则与方法

小米需要掌握商务数据分析的原则与方法，才能在工作中以此为基准，完成各种商务数据分析任务。

一、商务数据分析的原则

为了正确分析商务数据，得到有价值的信息，可以在分析商务数据之前了解并在以后的工作中适当参考以下原则。

（1）目标性原则。在数据分析的前期，数据分析人员之间要首先了解业务规则和业务痛点，了解需求，明确为什么要进行数据分析、数据分析的最终目标是什么。这样才能保证后续的数据分析工作围绕该目标来开展。

（2）系统性原则。数据分析是一项系统性的工作，每个环节都不是孤立存在的，在进行数据分析时，每位数据分析人员都要为整个分析系统服务，确保各个环节都不会出现问题。因此需要对数据分析工作进行周密策划、精心组织和科学实施。

（3）针对性原则。不同的数据分析工作有不同的分析目标，应根据实际情况有针对性地进行数据分析。例如，开发新商品时，可以根据客户的反馈信息及市场数据的分析结果有针对性地分析客户的消费特点，并对目标客户进行数据分析，将数据反馈给商品设计、生产和销售环节。

（4）简约性原则。简约性原则就是选择有用的数据，淘汰无用的数据，识别有代表性的核心数据，去除无意义的其他数据。同时，还要识别数据之间的差异，鉴别和清理重复数据。另外，简约性原则也包括在选择分析方法、展示分析结果时简单化处理，这样不仅可以减轻数据分析人员的工作负担，也能使分析结果更容易被理解。

二、商务数据分析的方法

在分析商务数据时，要发现数据的内在规律，并挖掘出数据的价值，需要借助各种数据分析方法来实现。

1. 商务数据分析方法的类别

商务数据分析方法可以分为3种，即常规分析方法、统计学分析方法和自建模型分析方法。

（1）常规分析方法。常规分析方法主要是指直接呈现原始数据的方法，对比分析法、趋势分析法、占比分析法等均是典型的常规分析方法。例如，同比分析法、环比分析法可以用来分析店铺销售额的增长情况。

（2）统计学分析方法。统计学分析方法能够基于原始数据来推导和挖掘数据的变化趋势，描述统计分析法、回归分析法、相关分析法等均是典型的统计学分析方法。例如，回归分析法可以用来预测销售额的变化，相关分析法可以用来寻找销量与推广费用的内在联系等。

（3）自建模型分析方法。当常规分析方法和统计学分析方法无法满足数据分析的需求时，则可以通过自建模型来进行数据分析，这要求数据分析人员具备数学模型方面的知识。因此，自建模型分析方法是各类方法中要求最高，最能挖掘出数据价值的。

2. 常用商务数据分析方法

下面介绍一些较为常用的商务数据分析方法，主要是常规分析方法和统计学分析方法。

（1）对比分析法

对比分析法是将实际数据与相关的指标数据进行对比，来体现实际数据与指标数据之间的差异，借以了解商务活动的表现。在对比分析法中，较为典型的是同比分析法与环比分析法。同比分析是与历史同期进行对比，环比分析则是与上一个统计周期进行对比。一般使用同比增长与环比增长来分析数据的发展变化情况。例如，店铺 2021 年 10 月的销售额为 10 万元，2022 年 9 月的销售额为 8 万元，2022 年 10 月的销售额为 12 万元，那么 2022 年 10 月的销售额与 2021 年 10 月的销售额之差，与 2021 年 10 月的销售额之比称为同比增长；2022 年 10 月的销售额与 2022 年 9 月的销售额之差，与 2022 年 9 月的销售额之比称为环比增长。

（2）二八定律

二八定律又称为 80/20 法则、关键少数法则等，其核心观点是在某个事件中，20% 的主要因素会产生 80% 的影响。例如，店铺 80% 的销售额依赖于 20% 的商品，店铺 80% 的利润产生于 20% 的客户等。二八定律重点关注的是 20% 的部分，如果这 20% 是客户，则需要对这部分客户做重点维护；如果这 20% 是商品，则需要以这些商品为核心进行布局、升级等运营操作。

（3）聚类分析法

聚类分析法也称群分析法、点群分析法等。所谓聚类，是指按照一定的方法，把存在各种差异的事物按照某些方面的相似性聚合成几类，类与类之间的差异应该较大，而每一类中事物的差异又应该较小。例如，两位女性客户，她们的性别是相同的，但有可能这两位客户的喜好、价格接受度等都不相同，如果按性别聚类，她们可以聚合为一类，但如果按喜好、价格接受度聚类，她们则不会聚合为同一类。

聚类分析法在商务数据分析中的应用非常广泛，最常见的应用便是进行客户画像分析，即通过客户的基本特征和消费行为刻画出不同客户群体的特征，从而分析出店铺和商品更受哪些客户青睐等。聚类分析法也是细分市场的有效工具，同时还可以用于研究客户行为，寻找新的潜在市场等。

（4）漏斗分析法

漏斗分析法也称流程分类法，这种分析方法是按照事物的流程来分类数据的。例如，客户需要购买商品时，会遵循以下过程：不认识→认识→感兴趣→有意向→成交。根据这个过程，可以将商品销售过程中产生的数据划分为几个大的类别，即按照流程分类的方法，这个过程符合客户决策漏斗模型。

另外，漏斗分析法也常用于分析转化效果的场景。对商品而言，根据该商品的浏览量、点击量、下单量、支付量等数据进行漏斗分析，可以得到其转化效果，如图 1-4 所示。例如，下单量与支付量之比可以得到下单转化率，点击量与支付量之比可以得到点击转化率等。

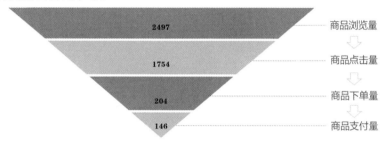

图1-4　漏斗分析示意图

（5）描述统计分析法

描述统计分析法是运用各种计算方法，并借助图表等工具来描述数据的集中趋势、离散趋势、偏度、峰度等特征的方法。描述统计分析的项目有很多，常用的包括平均数、标准差、中位数、众数等。

① 平均数。平均数是用一组观测值的总和除以观测个数，可以反映这一组观测值的集中趋势。

② 标准差。标准差可以反映一组观测值的变异量大小。

③ 中位数。中位数是一组观测值的中间数值。如果观测值个数是偶数 n，则中位数是第 $n/2$ 个和第 $(n+2)/2$ 个观测值的平均值；如果观测个数是奇数 n，则中位数是第 $(n+1)/2$ 个观测值。

④ 众数。众数是一组观测值中出现次数最多的观测值，它可以作为观测值中趋势的估计值。

（6）相关分析法

相关分析法是研究两个或两个以上处于同等地位的随机变量间的密切程度的分

析方法。若一个变量增加，另一个变量随之增加，则这两个变量具有正相关关系；若一个变量增加，另一个变量随之减少，则这两个变量具有负相关关系。

在使用相关分析法进行数据分析时，应该收集不同情况下的变量数据，然后在直角坐标系上用点标注这些数据，形成散点图，从而发现变量之间的关系。图1-5所示为显示温度与成功率关系的散点图。

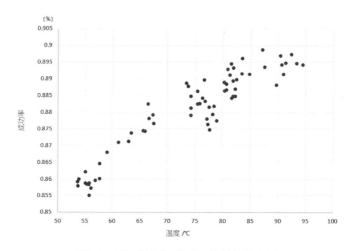

图1-5 显示温度与成功率关系的散点图

（7）回归分析法

回归分析法指利用数据统计原理，对大量统计数据进行数学处理，确定因变量与自变量的关系，并根据这个关系建立一个合理的回归方程，利用该方程预测今后自变量变化会导致因变量产生哪种变化趋势的分析方法。

回归分析法注重因果分析思维，即根据事物发展变化的结果，寻找可能影响该结果的原因，然后用数据去验证这种因果关系。例如，销售额是结果，而影响销售额的因素有很多，包括广告投入力度、品牌影响力、商品质量、促销活动、定价等，将这些因素进行量化就会形成销量模型，然后采集相关数据，构建数学模型，再在实践中不断检验数学模型是否合理，或者优化相关的数据指标、系数等，从而帮助店铺更加准确地掌握未来的"销量密码"。

🎓 小提示

在回归分析法中，因变量处于被解释的地位，此方法不仅可以揭示自变量对因变量的影响大小，还可以通过回归方程进行数量上的预测和控制；在相关分析法中，变量之间没有重要性差异，侧重分析与研究两个变量之间相关的方向和相关的密切程度。

（8）七何分析法

七何，即何时（When）、何地（Where）、何人（Who）、何事（What）、何因（Why）、何做（How）、何价（How Much），因此七何分析法也称为 5W2H 分析法。这种方法通过主动提出问题，找到解决问题的线索，然后有针对性地分析数据，最终得出结果。例如，分析客户画像时，如果找不到切入点，就可以利用七何分析法进行分析。

① 何时。客户什么时候购物？最佳的购物时间点是什么时候……

② 何地。客户所在地是哪儿？通过什么渠道购物……

③ 何人。客户性别是什么？年龄多大？消费水平怎么样……

④ 何事。店铺或商品能够给客户提供什么？能否满足客户需求……

⑤ 何因。客户为什么购买该商品……

⑥ 何做。客户在购买商品时，是习惯先加入购物车或收藏夹再付款还是直接付款，是习惯询问客服后付款还是静默付款（即不联系客服）……

⑦ 何价。客户喜欢购买什么价位的商品，客户更容易接受哪种降价力度……

（9）杜邦拆解法

杜邦拆解法基于杜邦分析法的原理，利用几种主要的财务指标之间的关系来综合分析企业的财务状况，评价企业盈利能力和股东权益回报水平，其基本思想是将企业净资产收益率逐级拆解为多项财务指标，这样做有助于深入分析企业经营业绩。杜邦拆解法合理利用"拆解"这一思路，将指标逐层拆解分析，最终找到出现问题的指标。例如，店铺销售额由访客数、客单价和转化率决定，运用杜邦拆解法可以将销售额拆解为访客数、客单价、转化率 3 个分支，再分别对每一个分支做进一步拆解，最终找到问题所在，如图 1-6 所示。

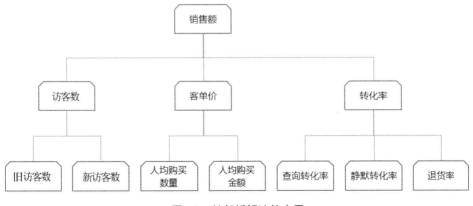

图1-6　杜邦拆解法的应用

任务三 商务数据分析的指标与流程

商务数据分析离不开分析指标与分析流程，老张认为小米需要对常用的商务数据分析指标有所了解，同时能够全面了解商务数据分析的流程。

一、商务数据分析的指标

指标是指能够直接或间接地衡量社会现象或事物变化的某一特征的具体名称或数值。就商务数据分析而言，需要借助指标来展示数据的变化情况。下面以电商店铺为例，介绍几类常用的商务数据分析指标。

1. 流量类指标

流量类指标用于反映店铺流量方面的数据，通过这类指标可以了解店铺的流量情况。表 1-1 所示为店铺常用的流量类指标。

表 1-1　店铺常用的流量类指标

名称	含义	计算公式
浏览量	店铺或商品详情页被访问的次数，一位客户在统计时间内的访问次数	
访客数	店铺或商品详情页被访问的去重人数，一位客户在统计时间内访问多次只记为一次	
跳失率	访客数中只有一次浏览量的访客数占比，该值越低表示流量质量越好	浏览量为 1 的访客数 ÷ 总访客数
人均浏览量	每位客户访问店铺或商品详情页的平均浏览量	总浏览量 ÷ 总访客数
平均停留时间	访问店铺的所有客户停留的总时长除以访客数，单位为秒	访问停留总时长 ÷ 总访客数
点击数	店铺页面被客户点击的次数，一位客户在统计时间内点击该页面几次就计为几次	
点击人数	点击店铺页面的去重人数，一位客户在统计时间内多次点击该页面计为一次	
点击转化率	统计时间内，客户所查看的页面平均被点击的比例	点击数 ÷ 浏览量
老访客数	统计时间内，访问过店铺的客户数	
新访客数	统计时间内，未访问过店铺的客户数	

2. 交易类指标

交易类指标用于反映店铺商品成交转化的情况。表 1-2 所示为店铺常用的交易类指标。

表 1-2　店铺常用的交易类指标

名称	含义	计算公式
下单买家数	统计时间内，拍下商品的去重买家人数，一位客户拍下多件或多笔商品，只计数一次	
下单金额	统计时间内，客户拍下商品的累计金额	
支付买家数	统计时间内，完成支付的去重买家人数，一位客户买下多件或多笔商品，只计数一次	
支付金额	客户拍下商品后支付的金额	
客单价	统计时间内，平均每个支付买家的支付金额	总支付金额 ÷ 支付买家数
下单转化率	统计时间内，客户转化为下单买家的比例	下单买家数 ÷ 总访客数
支付转化率	统计时间内，客户转化为支付买家的比例	支付买家数 ÷ 总访客数
UV 价值	统计时间内，每一位客户的平均支付金额	总支付金额 ÷ 总访客数

3. 商品类指标

商品类指标用于反映店铺商品的销售、收藏、加购、下单等各方面的数据。表 1-3 所示为店铺常用的商品类指标。

表 1-3　店铺常用的商品类指标

名称	含义	计算公式
支付商品数	统计时间内，客户完成支付的商品数量	
下单商品数	统计时间内，商品被客户拍下的累计件数	
商品动销率	统计时间内，店铺整体商品售出率	支付商品数 ÷ 店铺在线商品数
收藏人数	通过对应渠道进入店铺访问的客户数中，有商品收藏行为的人数	
加购人数	通过对应渠道进入店铺访问的客户数中，有商品加入购物车行为的人数	

4. 其他指标

除上述几类指标外，店铺常用的商务数据分析指标还涉及服务、评价、物流等方面，服务、评价、物流等指标能够综合反映店铺在这些方面的运营情况。表 1-4 所示为店铺常用的其他指标。

表 1-4　店铺常用的其他指标

名称	含义
成功退款金额	统计时间内，客户的退款总额
评论数	统计时间内，生效的客户评论条数
有图评论数	统计时间内，生效的评价中包含图片的评论条数
正面评论数	统计时间内，生效的评价中包含正面信息的评论条数

续表

名称	含义
负面评论数	统计时间内，生效的评价中包含负面信息的评论条数
揽件包裹数	统计时间内，物流企业回传了揽件信息的物流包裹数
发货包裹数	统计时间内，店铺确认发货的物流包裹数

☞ 素养提升

　　数据指标能够直接反映数据的情况，是外界了解企业和个人经营业务的有效渠道。但少数企业和个人为了谋取不正当利益或逃避处罚，可能会采取擅自篡改数据指标的手段。例如，某企业为了逃避处罚，将二氧化硫等污染物排放指标的数据由"不合格"篡改为"合格"，擅自篡改所属企业的在线监控设备的过量空气系数及基准含氧量系数，最终被相关单位查出后依法立案调查并受到处罚。这个案例告诉我们，在进行数据分析时，一定要诚实守信，否则将作茧自缚，自食其果。

二、商务数据分析的流程

　　商务数据分析的流程一般涉及六大环节，如图1-7所示。

　　（1）明确需求。在进行数据分析之前，首先需要明确本次数据分析任务的最终需求，进而确定目标，这样才能根据目标选择需要的数据，并确保数据分析工作不会偏离目标方向。

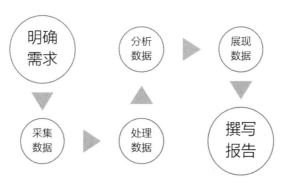

图1-7　商务数据分析的流程

　　（2）采集数据。明确需求后，就可以根据目标需求采集相关的数据。在这个环节，数据分析人员需要更多地注意数据的来源，一方面确保数据的权威性、专业性和准确性；另一方面能够更好地追本溯源，在很大程度上避免因采集错误而导致数据分析结果没有价值的情况的发生。

（3）处理数据。处理数据针对的是执行采集操作后得到的数据不满足分析要求的情况。许多情况下采集到的数据是散乱的、有漏缺的，甚至可能存在一些错误的数据，此时就需要通过清洗、加工等处理，将这些数据整理成满足数据分析需求的内容。

（4）分析数据。分析数据环节是整个数据分析任务的核心环节之一，数据分析人员需要利用合适的方法和工具，对处理后的数据进行分析，提取出有价值的信息，并得出有效的结论。

（5）展现数据。展现数据是指以图表等可视化方式展示数据，将分析结果能够更加生动和直观地呈现在使用者面前。在这一环节，数据分析人员需要重点考虑所选的可视化工具是否能够真实、有效地反映数据的特性和分析结果，同时也需要保证图表的专业性和美观性，以强化数据的分析结果。

（6）撰写报告。撰写报告是对整个数据分析过程进行总结。完成前面各个环节的工作后，数据分析人员可以将数据分析的思路、过程、结论等内容通过报告的形式完整地表达出来，供报告使用者参考。

任务实训

为了熟悉数据分析工作，一方面，小米准备访问生意参谋平台，查看商务数据指标，尝试分析店铺的运营情况；另一方面，小米打算使用 Excel 来进行简单的数据分析工作。

一、解读商务数据指标

【实训背景】

小米所在企业订购了生意参谋平台的所有功能，该平台是某电商平台推出的辅助企业分析店铺运营情况的专业平台。小米登录了该平台，尝试对店铺的一些核心指标进行解读，分析店铺的运营情况。

【实训要求】

（1）查看并分析店铺实时数据指标。

（2）查看并分析店铺概况数据指标。

（3）查看并分析店铺整体看板数据指标。

【实训思路】

（1）登录生意参谋平台，单击上方的"首页"选项卡进入"首页"页面，"实时概况"栏中显示了店铺当日的实时数据指标，如支付金额、访客数、支付买家数、浏览量、支付子订单数等，并显示了当日与前一日在每个时间的支付金额走势图，如图1-8所示。利用这些数据指标可分析店铺的实时运营情况。

图1-8　店铺实时数据指标

（2）在"实时概况"栏右侧的"店铺概况"栏中可查看店铺概况数据指标，其中显示了店铺近30天的支付金额排行、所在行业的排行走势图、店铺本月的销售目标进度和预测销售额等，如图1-9所示。利用这些数据指标可分析店铺近一个月的运营情况。

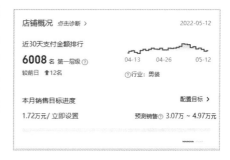

图1-9　店铺概况数据指标

（3）"整体看板"栏中显示了店铺近一周的支付金额、访客数、支付转化率、客单价、成功退款金额、直通车消耗（未开通则没有）、引力魔方销耗（未开通则没有）等，对比了上周和去年同期的数据，还显示了店铺近12周的支付金额走势图，如图1-10所示。利用这些数据指标可对店铺近一周的运营情况进行分析。

图1-10　店铺整体看板数据指标

二、借助Excel分析数据

【实训背景】

小米通过同事获取了企业所销售的男装套装类目下各子类目近一年的交易数据。现在她需要在 Excel 中对这些数据进行分析，查看企业男装套装类目下各子类目近一年的交易指数的平均数和占比，以及休闲运动套装在一年中交易指数的变化情况。

微课视频

借助 Excel
分析数据

【实训要求】

（1）使用公式和函数计算各子类目的交易指数的平均数和占比。

（2）使用饼图表示各子类目的占比情况。

（3）使用折线图表示休闲运动套装交易指数的变化情况。

【实训思路】

（1）打开"数据分析 .xlsx"文件（配套资源：\ 素材文件 \ 项目一 \ 任务实训 \ 数据分析 .xlsx），选择 B14:E14 单元格区域，在编辑栏中输入"=AVERAGE(B2:B13)"，按【Ctrl+Enter】组合键返回计算结果，结果如图 1-11 所示。

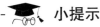 小提示

在 Excel 中无论输入公式还是函数，都需要先输入"="，然后在英文状态或大写状态下输入公式内容或函数内容。如果记不住函数名称和语法格式，可在输入"="后，单击编辑栏左侧的"插入函数"按钮f_x，在打开的对话框中选择函数并设置相应的参数。

	B14		f_x	=AVERAGE(B2:B13)				
▲	A	B	C	D	E	F	G	H	I
1	类目	休闲运动套装	工装制服	时尚套装	其他套装			
2	2021年10月	4,431,676	3,687,524	610,576	343,783			
3	2021年11月	4,282,364	3,106,984	682,750	364,915			
4	2021年12月	3,679,370	2,701,989	612,934	308,383			
5	2022年1月	3,413,645	2,524,285	527,129	279,046			
6	2022年2月	3,804,863	2,832,682	526,323	425,211			
7	2022年3月	3,967,753	3,913,297	499,612	338,064			
8	2022年4月	3,468,708	3,241,534	543,002	365,200			
9	2022年5月	2,645,600	2,544,680	473,846	320,182			
10	2022年6月	2,365,393	1,434,593	477,607	227,168			
11	2022年7月	2,474,156	1,959,548	434,251	191,340			
12	2022年8月	3,445,161	3,221,953	756,565	261,716			
13	2022年9月	3,538,747	2,735,359	599,393	271,743			
14	平均交易指数	3,459,786	2,825,369	561,999	308,063			
15	交易指数占比							
16								

图1-11　计算平均交易指数

（2）选择 B15:E15 单元格区域，在编辑栏中输入"=SUM(B2:B13)/SUM($B$2:$E$13)"，按【Ctrl+Enter】组合键返回计算结果，结果如图 1-12 所示。

| B15 | : × ✓ fx | =SUM(B2:B13)/SUM($B$2:$E$13) | | | | |

	A	B	C	D	E
1	类目	休闲运动套装	工装制服	时尚套装	其他套装
2	2021年10月	4,431,676	3,687,524	610,576	343,783
3	2021年11月	4,282,364	3,106,984	682,750	364,915
4	2021年12月	3,679,370	2,701,989	612,934	308,383
5	2022年1月	3,413,645	2,524,285	527,129	279,046
6	2022年2月	3,804,863	2,832,682	526,323	425,211
7	2022年3月	3,967,753	3,913,297	499,612	338,064
8	2022年4月	3,468,708	3,241,534	543,002	365,200
9	2022年5月	2,645,600	2,544,680	473,846	320,182
10	2022年6月	2,365,393	1,434,593	477,607	227,168
11	2022年7月	2,474,156	1,959,548	434,251	191,340
12	2022年8月	3,445,161	3,221,953	756,565	261,716
13	2022年9月	3,538,747	2,735,359	599,393	271,743
14	平均交易指数	3,459,786	2,825,369	561,999	308,063
15	交易指数占比	48.4%	39.5%	7.9%	4.3%
16					
17					

图1-12　计算交易指数占比

🎓 **小提示**

AVERAGE 函数为求平均值函数，SUM 函数为求和函数，使用这些函数并选择相应的单元格区域即可完成相应的计算。另外，"$"符号为绝对引用符号，在单元格地址前添加该符号，无论公式或函数所在的目标单元格是否发生变化，函数或公式中引用的单元格都不会变化。

（3）选择 B1:E1 单元格区域，按住【Ctrl】键加选 B15:E15 单元格区域，在【插入】/【图表】组中插入三维饼图，结果如图 1-13 所示。

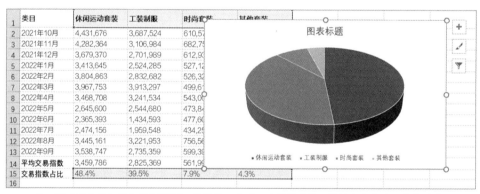

注：图中百分数加起来不是100%，是软件四舍五入造成的现象，数据本身无误，全书下同。

图1-13　插入饼图

（4）删除图表标题和图例（默认位于图表下方），然后在【图表工具 设计】/【图表布局】组中单击"添加图表元素"下拉按钮添加数据标签，结果如图 1-14所示。

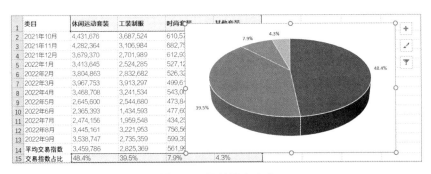

图1-14 调整图表内容

（5）双击数据标签，在打开的任务窗格中勾选"类别名称"复选框，适当调整数据标签的位置和图表大小，选中数据标签，在【开始】/【字体】组中将字体格式设置为"方正兰亭纤黑简体，10号"，结果如图1-15所示。由图1-15可知，休闲运动套装和工装制服占据了店铺男装套装的绝大部分交易份额。

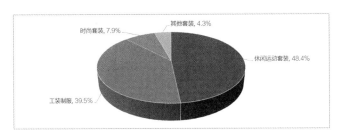

图1-15 美化图表

（6）选择A1:B13单元格区域，在【插入】/【图表】组中插入二维折线图，将字体格式设置为"方正兰亭纤黑简体，10号"，适当调整图表大小，结果如图1-16所示（配套资源：\效果文件\项目一\任务实训\数据分析.xlsx）。由图1-16可知，休闲运动套装的交易高峰期为2021年10月和2021年11月，交易低谷期为2022年5月至2022年7月。

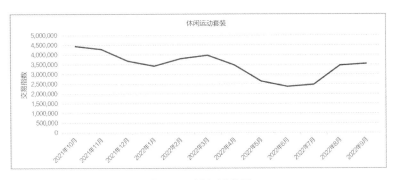

图1-16 插入折线图

课后习题

1. 选择题

（1）若"1"表示四分之一扇形、"2"表示半圆形、"3"表示圆形，则"1、2、3"这种数据应该属于（　　）。

    A．定类数据　　　　　　　　　　B．定序数据

    C．定距数据　　　　　　　　　　D．定比数据

（2）存在绝对零点的数据是（　　）。

    A．定类数据　　　　　　　　　　B．定序数据

    C．定距数据　　　　　　　　　　D．定比数据

（3）下列选项中，商务数据不具备的特性是（　　）。

    A．样本量大　　　　　　　　　　B．关联性强

    C．时效快　　　　　　　　　　　D．价值密度低

（4）商务数据分析的原则不包括（　　）。

    A．目标性原则　　　　　　　　　B．相关性原则

    C．系统性原则　　　　　　　　　D．简约性原则

（5）认为在某个事件里，20%的主要因素会产生80%影响的数据分析方法是（　　）。

    A．对比分析法　　　　　　　　　B．聚类分析法

    C．帕累托法则　　　　　　　　　D．回归分析法

（6）研究两个或两个以上变量之间关系的密切程度的分析方法是（　　）。

    A．相关分析法　　　　　　　　　B．回归分析法

    C．聚类分析法　　　　　　　　　D．漏斗分析法

2. 判断题

（1）数据是指描述事件或事物的属性、过程及其关系的符号序列，因此数据就是数字、文字和符号。（　　）

（2）用"1"表示小学、"2"表示初中、"3"表示高中、"4"表示大学，则"1、2、3、4"是定序数据。（　　）

（3）大数据的特性包括体量大、产生速度快、类型多、含义不明确。（　　）

（4）统计学分析方法属于商务数据分析方法中要求最高的一类。（　　）

（5）跳失率指的是访客数中只有一次浏览量的访客数占比，该值越低表示流量质量越差。（　　）

3. 操作题

（1）图 1-17 所示为某店铺近一周的销售核心指标监控数据，请尝试根据图中的数据，简单分析该店铺近一周的销售情况。

图1-17　某店铺近一周的商品核心指标监控数据

（2）打开"环比分析 .xlsx"文件（配套资源：\ 素材文件 \ 项目一 \ 课后习题 \ 环比分析 .xlsx），计算 2021 年 11 月至 2022 年 9 月的环比增长率，然后以时间和对应的环比增长率为数据源，创建条形图，分析数据变化情况，结果如图 1-18 所示（配套资源：\ 效果文件 \ 项目一 \ 课后习题 \ 环比分析 .xlsx）。

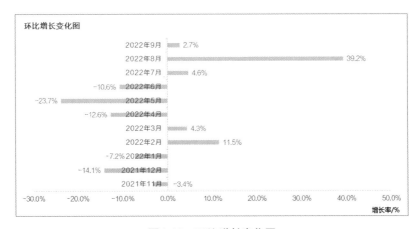

图1-18　环比增长变化图

拓展阅读

不同职位的数据分析人员的基本工作要求

在数据越来越重要的今天，许多企业都希望拥有专业的数据分析人员，希望通过对市场数据、竞争对手数据、店铺运营数据等进行分析来确定适合企业发展的方向。从能力的高低来看，可以将数据分析人员简单划分为初级分析师、中级分析师和高级分析师这几种职位，各职位的基本工作要求如下。

（1）初级分析师：能完成基本的数据整理、数据统计和数据输出工作。这个职位要求数据分析人员能准确地识别日常数据体系内涉及的维度、指标和数据分析模型，对基本业务知识有全面的了解，能够用数据把业务场景和业务需求表达出来。

（2）中级分析师：能完成数据价值的挖掘、提炼和任务分配等工作，服务的对象主要是业务方。这个职位要求数据分析人员能够熟练使用各种数据挖掘工具和分析工具，需要了解不同的数据模型和算法，能够根据需求将数据模型和算法应用到最佳的实践场景中；同时还需要对业务知识有深入了解，有很强的数据解读和应用推动能力。

（3）高级分析师：能完成企业数据分析工作中方向和规则的体系建设、流程建设、制度建设等工作，服务对象往往是业务方和企业内部管理层。这个职位要求数据分析人员能够搭建出企业专属的数据体系，能够根据企业不同的发展阶段提出正确的数据需求和技术架构方案，能够规划出所负责领域内数据工作的方向、内容、投入、产出，并进行投入产出分析和数据风险管理；另外，还需要实时跟进项目进度，并通过会议、汇报、总结等做好过程控制与结果控制。

项目二

商务数据的获取与管理

【知识目标】

◎ 熟悉商务数据常见的获取途径和获取方法。

◎ 熟悉采集、清洗和管理商务数据的常用工具。

◎ 掌握采集、清洗和管理商务数据的基本方法。

【技能目标】

◎ 能够根据实际需求选择正确的数据获取渠道。

◎ 能够合理运用正确的工具完成数据的采集、清洗与管理工作。

【素养目标】

◎ 培养正确的数据获取与整理思路。

◎ 培养因地制宜、灵活运用工具完成任务的能力。

小米在老张的指导下，对数据和商务数据的相关知识有了一定程度的了解后跃跃欲试，准备让老张带着她开展数据分析的工作。老张告诉她现在进行数据分析还为时尚早，她还需要学习商务数据的获取与管理等知识，做好数据分析的准备工作。

任务一　商务数据的获取

小米认为互联网是商务数据的主要获取途径，但得到老张的指点后，才发现如何通过更低的成本和更高效的方式获取需要的数据资源是本项目的主要任务。

一、商务数据的获取途径

商务数据的获取途径非常广泛，为了便于学习，下面将主要介绍内部途径、外部实地调查、外部网络 3 种途径。

1. 内部途径

就商务企业而言，其内部使用的各种管理系统，如商品采购和管理系统、客户服务管理系统、仓储管理系统、财务管理系统等，通常会建立专用数据库，以便存放各种与企业相关的数据，当企业需要使用数据时，即可从这些系统的数据库中查询并获取数据。即使没有建立任何管理系统或数据库，企业也可以将日积月累的运营数据存储下来并进行分类，为数据分析提供极有价值的数据。

2. 外部实地调查

外部实地调查是企业获取客户等外部人员信息的有效途径，如全面调查、随机抽样调查、非随机抽样调查等，都能获取到有效的数据。需要注意的是，通过外部实地调查获取到有效的数据，首先需要制作一份高质量的调查问卷，这就要求调查问卷既要包含重要的选项，又不能将内容设置得过于复杂，避免使客户"望而生畏"，放弃参与。图 2-1 所示为某企业制作的员工食堂调查问卷，其内容既简洁又合理，当回收有效的调查问卷后，就能获取到有价值的数据。

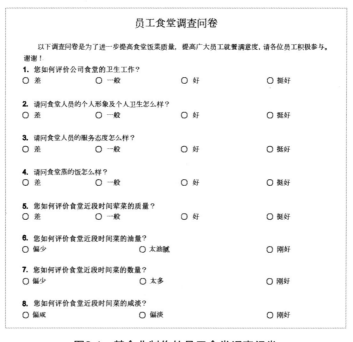

图2-1 某企业制作的员工食堂调查问卷

3．外部网络

互联网是获取外部数据的一种有效途径，其中包含大量的、各式各样的数据。下面介绍几种常见的获取网络数据的途径。

（1）公开的数据库：一般是向大众免费公开的，如中国国家统计局网站、中国统计信息网等。

（2）数据交易平台：一般采取付费的方式向大众提供数据服务，如优易数据（见图2-2）、数据堂等。

（3）网络指数：既有免费的也有付费的，如百度指数是免费向大众公开的，艾瑞咨询则有部分数据是需要付费的。

图2-2　优易数据提供的数据服务

二、商务数据的获取方法

针对不同的获取渠道，商务数据的获取方法也各有不同。对于内部数据，使用者只需将数据从数据库中复制或导入到数据分析工具中；对于外部实地调查的数据，如果是纸质调查问卷，使用者则需要通过扫描或手动录入的方式获取数据，如果是电子调查问卷，使用者则可以导出其中的数据；对于外部网络数据，主要的获取方法是复制和下载两种，下面对这两种方法做简要介绍。

（1）复制数据。访问目标网页，拖曳鼠标选择需要获取的数据，在所选数据上单击鼠标右键，在弹出的快捷菜单中选择"复制"命令，或直接按【Ctrl+C】组合键复制数据。打开数据分析工具，在其中的空白区域单击鼠标右键，在弹出的快捷菜单中选择"粘贴"命令，或直接按【Ctrl+V】组合键粘贴数据。

（2）下载数据。如果网页中有"下载""导出"等功能按钮，则不需要手动复制数据，只需单击相应的按钮，然后按照提示将数据保存到计算机上的指定位置。例如，从店侦探数据平台导出数据，单击 ⬇导出数据 按钮将打开计算机上的下载软件或启动浏览器内置的下载功能，设置文件的名称和保存位置后，单击 下载 按钮即可完成数据的导出和保存操作，如图 2-3 所示。

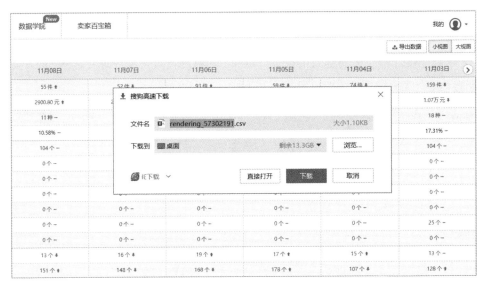

图2-3　数据的导出与保存

任务二　商务数据的采集

小米在获取网络数据时，遇到了公开数据既不能复制又不能下载的情况，于是去求助老张。他告诉小米如何使用采集工具采集这类商务数据。

一、采集商务数据的常用工具

许多采集工具都能完成网络数据的采集工作，如八爪鱼采集器、火车采集器、后羿采集器等，下面重点介绍八爪鱼采集器和火车采集器这两种工具。

1．八爪鱼采集器

八爪鱼采集器是一款全网通用、非常实用的互联网数据采集器，它能够生成自动化的采集流程，并将数据存储为 Excel 文件，其采集界面如图 2-4 所示。其主要特点如下。

（1）数据采集能力强。八爪鱼采集器可以设置任意数量的采集任务，不仅可以采集电商、社交媒体、金融、房产等行业的互联网数据，也可以采集包括列表页、详情页、搜索页、瀑布流页、登录页等各种场景的数据，还可以采集文字、图片、视频、音频等多种类型的数据。

（2）数据采集性能强。八爪鱼采集器使用高性能的云服务集群，提供多节点、高并发、可扩容的采集能力，能够完成大规模数据的采集。

（3）数据采集效率高。八爪鱼采集器可以按照网站更新频率和单次更新数据量设置合理的定时采集策略，并能根据定时采集策略将账号内的云节点合理分配给数据源，以完成每个数据源新增数据的采集。同时，八爪鱼采集器会自动将新采集到的数据与原来采集到的数据对比去重，并允许设置采集触发条件，只有满足条件的数据才会被认定为新增数据并加以采集。

图2-4　八爪鱼采集器的采集界面

2. 火车采集器

火车采集器是一种多线程的内容采集与发布工具，它功能强大且易上手，具有先进的内容采集和数据导入功能，能将采集到的任何网页数据发布到远程服务器中，特别对各大主流文章系统和论坛系统而言，使用火车采集器能够轻松地完成数据采集的工作。图2-5所示为火车采集器的操作界面。其主要特点如下。

（1）编码识别功能强。火车采集器可以自动识别网页编码，全面支持所有网站的编码和网页程序。

（2）全自动程度高。火车采集器是一款全自动的采集工具，只要配置好相应的程序，它就能依据设置自动运行，完全不需要进行人工干预。

（3）管理性能强。火车采集器采用"站点＋任务"的方式管理采集节点，支持批量操作，再多的数据管理任务都可以轻松实现。

图2-5　火车采集器的操作界面

二、采集商务数据的方法

使用不同的采集工具采集数据时，需要了解它们的具体采集方法。下面仍然以八爪鱼采集器和火车采集器为例对数据的采集方法做简要介绍。

1. 八爪鱼采集器的采集方法

八爪鱼采集器提供了模板采集、自动识别采集、手动采集、云采集等多种采集方法，可根据实际情况选择。

（1）模板采集。此方法可以直接利用八爪鱼采集器内置的各种采集模板，实现快速采集数据的目的。登录八爪鱼采集器，新建模板任务，然后选择一种采集模板，单击 立即使用 按钮，接着设置此次采集的任务名称、任务组，并配置模板参数，完成后单击 保存设置 按钮，并在打开的"保存模板任务"对话框中单击 保存并启动采集 按钮，如图 2-6 所示。然后选择某种采集方式（一般选择本地采集方式），八爪鱼采集器便可以按照设置的内容采集数据。采集完成后，系统会提示用户保存数据。

（2）自动识别采集。当八爪鱼采集器内置的模板无法满足采集需求时，可以通过自定义采集的方式进行数据采集。登录八爪鱼采集器，新建自定义任务，输入或复制网址并保存设置，此时八爪鱼采集器将访问该网页并自动识别网页内容，识别

完成后根据需求修改采集的页数、字段等信息，生成采集信息，然后按照提示采集
并保存数据，如图 2-7 所示。

图2-6 用采集模板采集数据

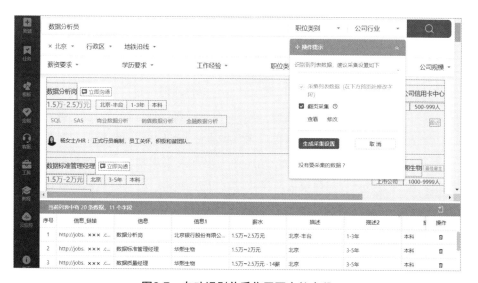

图2-7 自动识别并采集网页中的字段

（3）手动采集。当使用自动识别功能无法采集正确的数据时，可在图 2-7 中
的"操作提示"面板中单击 取消 按钮取消自动识别功能，然后手动添加采集
字段进行采集，如图 2-8 所示。手动采集的关键在于如何正确采集需要的数据对
象，这将涉及循环、翻页等操作的设置，需要使用者熟练掌握八爪鱼采集器的
使用方法。

（4）云采集。此方法会借助八爪鱼采集器的云服务器。设置好采集内容后，可

选择云采集的模式，此时八爪鱼采集器会不间断地自动采集符合要求的数据。需要注意的是，云采集将以后台模式运行，用户可以在"任务/我的任务"中查看采集的情况。此外，云采集需要旗舰版才能实现，该版本需付费才能使用。

图2-8　手动添加采集字段

2. 火车采集器的采集方法

火车采集器的采集方法较多，这里主要介绍普通网址采集和批量网址采集两种方法。

（1）普通网址采集。此方法可以采集网页中指定的各种数据对象，设置时需要充分观察网页元素的代码规律，从而准确设置采集规则，实现数据的采集与发布操作，如图2-9所示。登录火车采集器，新建任务，输入或复制需要采集的数据所在的网址和任务名称，然后查看该网址中的源代码，找出相应的代码规律，在火车采集器中设置该规律，完成后保存并退出设置对话框。最后在操作界面的任务选项上单击鼠标右键，在弹出的快捷菜单中选择"开始"命令，即可采集数据。

🎓 小提示

查看源代码时，数据分析人员需借助360浏览器、搜狗浏览器、2345加速浏览器等工具。在需要采集的数据上单击鼠标右键，在弹出的快捷菜单中选择"审查元素"命令或"查看页面源代码"命令即可打开源代码窗口，此时处于选中状态的代码就是所选数据的代码内容，通过查看同类数据的源代码可以发现一些规律，如规律出现的代码等。

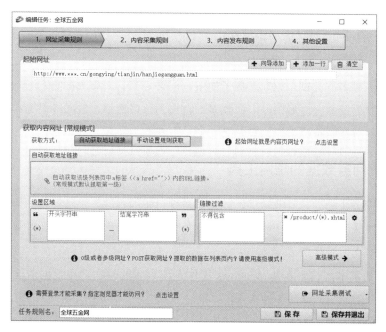

图2-9　设置采集规则

（2）批量网址采集。此方法的整个采集设置过程与普通网址的采集设置过程相似，区别只在于批量网址采集需要设置网址参数来实现批量采集的目的。在图 2-9 中单击 ＋ 向导添加 按钮，在打开的对话框中设置批量网址。此时仍然通过观察网址变化的规律，如数字变化、区间变化、字母变化或时间变化等，设置相应的网址参数以实现批量采集的目的，如图 2-10 所示。

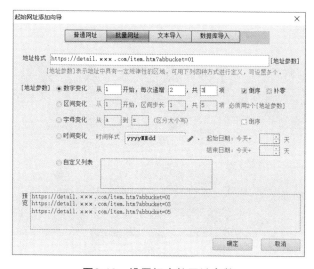

图2-10　设置相应的网址参数

任务三 商务数据的清洗

小米经过多次尝试，逐渐掌握了使用数据采集工具采集数据的方法，但小米发现采集到的数据中有许多错误，如数据不完整、数据重复、数据错误等。接下来小米的任务是学会如何对这些数据进行清洗，处理错误数据。

一、清洗商务数据的常用工具

清洗商务数据的工具非常多，如操作系统自带的程序，手动安装到计算机上的应用软件，嵌入软件中的功能插件，以及各种先进的编程语言。下面对4种常用的数据清洗工具做简要介绍。

（1）记事本。记事本是 Windows 操作系统自带的程序，在数据清洗领域，其作用主要是清除原数据的各种格式。

（2）Excel。Excel 是微软公司开发的办公软件 Office 中的一个组件，具有强大的数据计算、管理、分析等功能，是非常出色的数据清洗工具，它能够对数据进行各种清洗操作，是使用率非常高的工具之一。

（3）VBA（Visual Basic for Applications）。VBA 是 Visual Basic 的一种宏语言，目前它已经嵌入 Excel 中，作为 Excel 的一个功能插件，其作用是通过编写宏语言来完成数据清洗工作，这需要数据分析人员具备一定的编程水平。

（4）Python。Python 是一种简洁、易读、可扩展的面向对象的动态语言，该语言功能强大，可以通过编写相应的脚本来完成数据清洗工作，这需要数据分析人员具备较强的编程技能。图 2-11 所示为 Python 的编程界面。

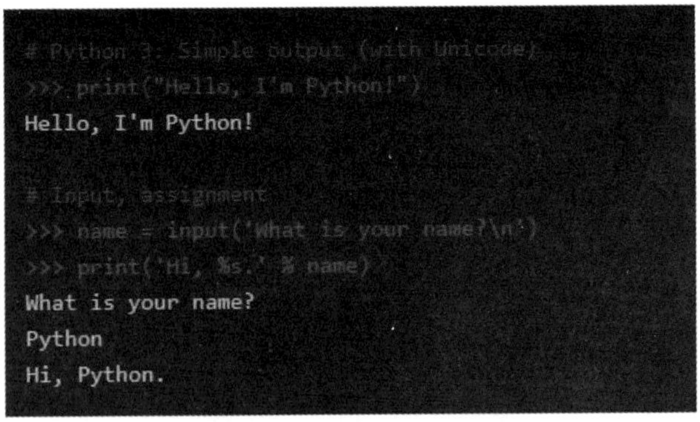

图2-11　Python的编程界面

二、清洗商务数据的方法

针对数据可能出现的各种错误，可以选择不同的方法完成数据清洗工作。这里以
Excel 为例，介绍一些常见的数据清洗方法，本任务介绍的数据清洗方法均提供有相
应素材可供读者练习（配套资源：\素材文件\项目二\数据清洗和管理）。

1. 修复缺失值

实际工作中，采集的数据经常会出现缺失的情况。如果需要保证数据原有样本
数量的完整性，且缺失的数据具有保留的意义，我们可以保留缺失位置，否则，应
该通过删除缺失值所在的整条数据或补全缺失值来进行修复。

（1）删除缺失值。如果采集到的数据量很大，即使删除若干数据也不会影响样
本效果，就可以采取删除缺失值的方式。在 Excel 中，我们可以利用两种常用的方
法来定位缺失值，然后将该值所在行删除。

第一种方法是通过筛选方式找到所有包含缺失值的数据行，即在【数据】/【排
序和筛选】组中单击"筛选"按钮，单击缺失值所在项目的下拉按钮，在打开的
下拉列表中仅勾选"（空白）"复选框，单击 确定 按钮。然后按住【Ctrl】键加选筛
选出的数据所在行的行号，并在选择的任意行号上单击鼠标右键，在弹出的快捷菜
单中选择"删除行"命令，删除这些含有缺失值的数据行，如图 2-12 所示。

图2-12　通过筛选方式找到并删除缺失值所在行

第二种方法是通过定位方式找到缺失值所在的单元格，即选择整个包含数据的
单元格区域，然后在【开始】/【编辑】组中单击"查找和选择"下拉按钮，在打
开的下拉列表中选择"定位条件"选项，打开"定位条件"对话框，选中"空值"
单选项，单击 确定 按钮，如图 2-13 所示，然后按住【Ctrl】键加选缺失值所在行

的行号，并删除这些行。

图2-13　通过定位方式快速找到并删除缺失值

（2）修补缺失值。如果能够判断出缺失的内容，则应该及时修补缺失值；如果无法判断，则可以考虑使用平均数、众数等合理的方法预测出缺失值。但切记不能为了补全数据而随意填写，这会造成数据出现严重失真的情况。

 小提示

　　许多网络数据可能由于网页代码或其他各种因素，导致其中缺失的是相同的数据，如缺失性别数据中的"男"、缺失学历数据中的"专科"等。此时我们可以通过定位的方式定位到这些单元格，输入需要的数据，然后按【Ctrl+Enter】组合键一次性输入所有的缺失值。

2. 修复错误值

对于一些有明显错误的数据，Excel会显示错误信息，以提醒数据分析人员及时修复错误值。用户可以借助此功能对采集到的数据中的错误值进行修复。

（1）Excel中错误信息的含义。不同的错误，Excel会提示不同的错误信息，以帮助数据分析人员了解错误产生的原因，从而找到问题并解决。表2-1所示为Excel中常见的几种错误信息以及产生原因和解决方法。

表2-1　Excel中常见的几种错误信息以及产生原因和解决方法

错误信息	产生原因	解决方法
#N/A	单元格的函数或公式中没有可用数值	可以忽略或在这些单元格中输入"#N/A"，公式在引用这些单元格时，将不进行数值计算，而是返回"#N/A"

错误信息	产生原因	解决方法
#####!	①单元格中的数字、日期或时间等数据的长度大于单元格的宽度；②单元格中的日期或时间公式产生了负值	①拖曳列标增加单元格的宽度；②更正公式或将单元格格式设置为非日期和时间型数据
#VALUE!	①需要数字或逻辑值时输入了文本；②将单元格引用、公式或函数作为数组常量输入；③赋予需要单一数值的运算符或函数一个数值区域	①确认公式或函数所需的运算符或参数正确，并且公式引用的单元格中包含有效的数值；②确认数组常量不是单元格引用、公式或函数；③将数值区域改为单一数值
#DIV/0!	①公式中的除数使用了指向空白单元格或包含零值单元格的引用；②输入的公式中包含明显的除数零	①修改单元格引用，或在用作除数的单元格中输入不为零的值；②将零改为非零值
#NAME?	①删除了公式中使用的名称，或使用了不存在的名称；②名称出现拼写错误；③公式中输入文本时未使用双引号；④单元格区域引用时缺少冒号	①确认使用的名称确实存在；②修改拼写错误的名称；③将公式中的文本括在英文状态下的双引号中；④确认公式中使用的所有单元格区域引用都使用了英文状态下的冒号
#REF!	删除了由其他公式引用的单元格或将单元格粘贴到由其他公式引用的单元格中	更改公式或在删除或粘贴单元格之后，单击快速访问工具栏中的"撤销"按钮↶
#NULL！	使用了不正确的区域运算符或引用的单元格区域的交集为空	更改区域运算符使之正确，或更改引用使之相交
#NUM!	公式或函数中的某个数值出现问题	更正错误的数值

（2）使用 IFERROR 函数修复错误值。修复 Excel 中出现的错误信息，一般可以利用 IFERROR 函数实现。该函数的语法格式为"IFERROR(value, value_if_error)"，其中，参数"value"表示不存在错误时的取值，参数"value_if_error"表示存在错误时的取值。例如，库存周转率的数据中出现了"#DIV/0!"错误，寻找原因后发现是公式中的除数使用了指向空白单元格或包含零值单元格的引用。为了处理这个错误，将原公式修改为"=IFERROR (B2/((C2+D2)/2),"/")"，即表示如果不存在错误，则显示公式"B2/((C2+D2)/2)"的计算结果；如果存在错误，则显示"/"，如图 2-14所示。

图2-14　使用IFERROR函数修复错误值

3. 修复逻辑错误

逻辑错误值主要是指违反了逻辑规律产生的错误值，这类错误值与缺失值、能够显示错误信息的错误值相比，更难被发现。例如，客户年龄为300岁、消费金额为−50元等不合理的数据；客户出生年份为2000年，但当前年龄却显示为10岁等自相矛盾的数据；要求限购1件商品，但购买数量却显示为5件等不符合规则的数据；等等。

为了尽量减少数据分析人员的工作量，可以使用Excel的条件格式功能，对某些数据的取值范围进行规定，一旦数据不在条件允许的范围内，即可使其按照指定的格式显示，方便数据分析人员及时修改。例如，某店铺各商品本月进货量均没有超过1000件，利用条件格式将超过1000的数据自动描红并加粗，可以便捷地修改出现错误的数据。其实现方法为：选择需要设置条件格式的单元格区域，在【开始】/【样式】组中单击“条件格式”下拉按钮，在打开的下拉列表中选择【突出显示单元格规则】/【大于】选项，如图2-15所示。

图2-15　执行条件格式功能

　　然后在打开的对话框中设置条件格式，并自定义满足设置条件时数据的显示格式，这里将大于 1000 的数据显示为"加粗、红色"，确认操作后即可按设置的条件格式显示数据，如图 2-16 所示。

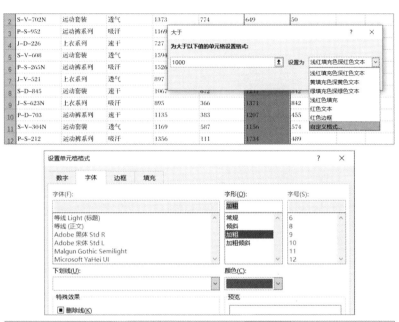

图2-16　设置条件格式

✍ 素养提升

　　数据分析工作要求数据分析人员不仅要具备可靠的专业知识和行业敏感度，还要具备一丝不苟的工作态度、严谨细致的工作作风，无论数据清洗工具的功能多么强大，在实际工作中都要对数据进行严格检查。

4．统一数据格式

　　数据出现格式不统一的情形也较为常见。例如，日期数据中，有"2022 年 11 月 23 日"的显示格式，也有"2022-11-23"的显示格式等，这时就需要对不同的格式进行统一设置，以提高数据质量。在 Excel 中，可以借助数据类型设置功能和查找与替换功能设置统一的格式。

（1）设置数据类型。选择需设置统一类型的数据所在的单元格区域，在【开始】/【数字】组中单击右下角的对话框启动器按钮▫，打开"设置单元格格式"对话框的"数字"选项卡，在"分类"列表框中选择某种数据类型，在右侧进一步设置所选类型的数据格式，完成后单击 确定 按钮，如图 2-17 所示。

图2-17　设置数据类型

（2）查找与替换数据。若需要对数据的内容进行统一处理，如某表格中"是否结算"栏下含有"已付"和"已结算"两种数据,现需要将"已付"统一为"已结算"，则可在【开始】/【编辑】组中单击"查找和选择"下拉按钮🔍，在打开的下拉列表中选择"替换"选项或直接按【Ctrl+H】组合键,打开"查找和替换"对话框的"替换"选项卡,在"查找内容"文本框中输入"已付",在"替换为"文本框中输入"已结算"，依次单击 全部替换(A) 按钮和 确定 按钮，如图 2-18 所示。

图2-18　查找与替换数据

5. 删除重复值

当采集的数据量较大时，可以利用 Excel 的删除重复值功能，删除数据中可能存在的重复值。其实现方法为：在【数据】/【数据工具】组中单击"删除重复值"按钮，打开"删除重复值"对话框，在其中勾选表格项目对应的复选框，表示检查并删除该项目下包含的重复值，单击 确定 按钮，如图 2-19 所示。

图2-19　删除重复值

任务四 商务数据的管理

在小米掌握了数据清洗方法后，老张告诉她，为了进一步减少数据分析的工作量，还应该尽量在分析数据之前，对清洗后的数据进行适当的管理，使数据内容更加符合分析的要求。

一、管理商务数据的常用工具

管理商务数据的常用工具主要有电子表格工具和数据库工具。

（1）电子表格工具。电子表格工具主要有 Excel、WPS Office 等，使用这类工具可以对数据进行计算、排序、筛选、分类汇总等操作，这类工具是十分常用的数据管理工具。

（2）数据库工具。数据库工具主要有 Access、SQL Server、MySQL、Oracle 等，这类工具不仅能实现电子表格工具对数据的各种管理操作，还能通过各种语句定义数据性质，在数据之间建立各种联系等，功能更加强大，但使用方法更复杂。

二、管理商务数据的方法

常见的管理商务数据的方法除了计算、排序、筛选和分类汇总，还包括分列、行列转换和内容提取等，下面仍然以 Excel 为例进行介绍，本任务介绍的数据管理方法均提供有相应素材可供读者练习（配套资源：\素材文件\项目二\数据清洗和管理）。

1. 计算数据

在分析数据之前进行一些基础的计算工作，数据分析人员不仅可以得到新的数据项目，还能减少数据分析的工作量。Excel 具有强大的计算功能，能够极大地提高计算效率，且可以有效避免人工计算可能出现的错误。

Excel 中的公式能够实现自动计算。例如，需要在 A3 单元格中显示 A1 单元格与 A2 单元格中的数据之和，可以在 A3 单元格中输入“=A1+A2”，按【Enter】键确认，此后只要在 A1 单元格和 A2 单元格中输入数据，A3 单元格便会自动显示二者之和，且无论 A1 单元格和 A2 单元格中的数据如何变化，A3 单元格中的数据都会实时更新。

假设我们需要分析每类商品在上半年的销售情况，但手上只有各类商品上半年每个月的销售额数据，那么在进行数据分析之前先计算出各类商品上半年的销售总额，如图 2-20 所示，即可在数据分析环节直接使用计算结果数据进行分析。

H2　=B2+C2+D2+E2+F2+G2

	A	B	C	D	E	F	G	H
1	商品编号	1月销售额/元	2月销售额/元	3月销售额/元	4月销售额/元	5月销售额/元	6月销售额/元	销售总额/元
2	FY01301	¥8,667.00	¥8,239.00	¥9,416.00	¥10,272.00	¥8,667.00	¥7,704.00	¥52,965.00
3	FY01302	¥7,062.00	¥10,165.00	¥9,844.00	¥8,667.00	¥10,379.00	¥5,885.00	¥52,002.00
4	FY01303	¥9,309.00	¥10,165.00	¥5,885.00	¥9,095.00	¥7,490.00	¥8,881.00	¥50,825.00
5	FY01304	¥8,774.00	¥6,848.00	¥8,132.00	¥6,848.00	¥9,630.00	¥8,453.00	¥48,685.00
6	FY01305	¥6,420.00	¥5,671.00	¥5,671.00	¥9,737.00	¥10,058.00	¥10,379.00	¥47,936.00
7	FY01306	¥7,704.00	¥7,490.00	¥6,527.00	¥6,634.00	¥8,560.00	¥8,881.00	¥45,796.00
8	FY01307	¥9,737.00	¥5,457.00	¥6,741.00	¥8,881.00	¥6,848.00	¥7,918.00	¥45,582.00
9	FY01308	¥5,992.00	¥5,564.00	¥6,313.00	¥6,420.00	¥8,988.00	¥8,667.00	¥41,944.00
10	FY01309	¥6,313.00	¥6,741.00	¥9,523.00	¥9,630.00	¥9,095.00	¥9,309.00	¥50,611.00
11	FY01310	¥9,951.00	¥6,420.00	¥8,988.00	¥9,202.00	¥6,206.00	¥8,239.00	¥49,006.00

图2-20　计算销售总额

小提示

计算多个对象时，数据分析人员可选择公式所在的单元格区域如图 2-20 所示，然后在编辑栏中输入公式，最后按【Ctrl+Enter】组合键一次性完成计算。也可以首先计算第一个对象，然后选择该对象，拖曳其右下角的填充柄至目标单元格，通过填充公式的方法快速完成计算。

2. 排序数据

为方便后期分析，数据分析人员可以对清洗好的数据进行排序操作，如按销量从高到低排列、按占比从大到小排列等。排序有助于数据分析人员更好地理解、组织和查阅数据。Excel 中排序数据的方法主要有以下两种。

（1）快速排序。所谓快速排序，是指利用功能区的排序按钮快速实现数据排序，即选择排序区域中的某个项目下的数据，单击【数据】/【排序和筛选】组中的"升序"按钮或"降序"按钮，以该项目为关键字重新排序数据。

（2）多关键字排序。如果需要设置多个关键字排序，以避免单一关键字出现相同数据的情况，则可以选择需排序的数据区域，单击【数据】/【排序和筛选】组中的"排序"按钮，打开"排序"对话框，在其中选择主要关键字，设置排列次序，然后单击 添加条件(A) 按钮，按相同方法设置次要关键字，完成后单击 确定 按钮，如图 2-21 所示。Excel 将以销售总额为关键字对数据排序，对于销售总额相同的数据，则按照 1 月份销售额排序。

图2-21　设置多关键字排序

3. 筛选数据

如果表格中的数据量非常大，且其中的许多数据无须参与分析过程，则可以通过筛选操作有目的地显示符合条件的数据，以便查阅和分析。在 Excel 中可以通过预设的条件自动筛选数据，也可以手动设置更精确的条件来筛选数据。

（1）自动筛选。选择需要进行筛选的数据区域，单击【数据】/【排序和筛选】组中的"筛选"按钮，进入筛选状态，单击某个项目右侧的下拉按钮，在打开的下拉列表中选择"数字筛选"选项，在打开的子列表中选择需要的筛选条件并进行设置，如图 2-22 所示，确认操作后 Excel 将只显示符合筛选条件的数据。

图2-22　通过预设的条件自动筛选数据

（2）手动筛选。如果自动筛选的结果无法满足需求，则可进行高级筛选操作，其方法为：手动输入筛选条件，然后单击【数据】/【排序和筛选】组中的 高级 按钮，打开"高级筛选"对话框，在其中指定数据区域和筛选条件区域，单击 确定 按钮即可，如图2-23所示。

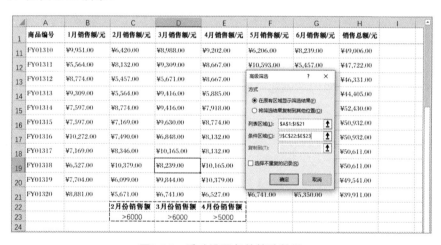

图2-23　手动设置条件筛选数据

4. 分类汇总数据

分类汇总数据是指对同类数据进行汇总处理，便于分析汇总情况。在Excel中，数据分析人员可以通过分类汇总功能实现数据的分类及汇总，其方法为：对需要分类汇总的数据进行排序，然后选择排序后的任意单元格，在【数据】/【分级显示】组中单击"分类汇总"按钮，打开"分类汇总"对话框，在其中设置分类字段（即排序时作为关键字的项目）、汇总方式和选定汇总项，然后单击 确定 按钮，如图 2-24 所示。

图2-24　分类汇总数据

5. 分列数据

Excel 可以将数据按照指定的条件分列，便于分析某个项目中的特定区域。例如，某个项目中包含客户所在省市的数据，如果需要分析客户所在省的分布情况，可以将省市分列为"省"和"市"两个独立的项目，具体操作如下。

微课视频

分列数据

（1）打开"分列数据 .xlsx"文件（配套资源：\素材文件\项目二\数据清洗和管理\分列数据 .xlsx），选择 F2:F28 单元格区域，在【数据】/【数据工具】组中单击"分列"按钮。

（2）在打开的文本分列向导对话框中根据数据的实际情况选择分列方式，这里选中"固定宽度"单选项，单击 下一步(N) > 按钮，如图 2-25 所示。

（3）在文本分列向导对话框下方的"数据预览"栏中合适的位置单击插入分列线，单击 下一步(N) > 按钮，如图 2-26 所示。

图2-25　选择分列方式　　　　　　　　　图2-26　插入分列线

（4）在文本分列向导对话框中设置分列后各列数据的格式，这里保持默认状态，单击 完成(F) 按钮，如图 2-27 所示。

此时所选单元格区域中的数据便会按设置的方式实现分列，效果如图 2-28 所示（配套资源：\ 效果文件 \ 项目二 \ 分列数据 .xlsx）。

图2-27　设置各列数据的格式

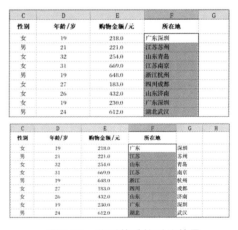

图2-28　分列前后的对比效果

6. 转换数据的行与列

数据行列的转换在 Excel 中称为"转置"，指的是将原来各条数据记录的首列内容转置为数据的各个项目，将原来的各个项目转置为数据记录的首列内容，从而实现将当前各列内容转置为横向的各条数据记录。

在 Excel 中转换数据的行和列时，首先选择需要转置的所有表格数据，按【Ctrl+C】组合键复制，然后选择新的数据区域所在的左上角单元格，并执行以下任意一个操作。

（1）通过按钮转置。单击【开始】/【剪贴板】组中的"粘贴"按钮📋下方的下拉按钮，在打开的下拉列表中单击"转置"按钮📋。

（2）通过对话框转置。单击【开始】/【剪贴板】组中的"粘贴"按钮📋下方的下拉按钮，在打开的下拉列表中选择"选择性粘贴"选项，在打开的对话框中勾选"转置"复选框，单击 确定 按钮。

图 2-29 所示为数据行列转换前后的对比效果。

	A	B	C	D	E	F	G	H	I	J	K	L
1	序号	地区	负责人	礼品类/万元	工艺品类/万元	饰品类/万元	销售总额/万元					
2	1	广州	刘宏伟	88.40	35.00	44.80	168.20					
3	2	深圳	邓洁	137.70	56.00	39.20	232.90					
4	3	佛山	孙莉	139.40	47.60	46.20	233.20					
5	4	东莞	刘宏伟	108.80	60.20	44.80	213.80					
6	5	中山	张军	112.20	39.20	53.90	205.30					
7	6	珠海	何亮	115.60	49.70	52.50	217.80					
8	7	江门	郭子维	142.80	63.00	39.90	245.70					
9	8	肇庆	李静	136.00	67.90	63.70	267.60					
10												
11	序号	1	2	3	4	5	6	7	8			
12	地区	广州	深圳	佛山	东莞	中山	珠海	江门	肇庆			
13	负责人	刘宏伟	邓洁	孙莉	刘宏伟	张军	何亮	郭子维	李静			
14	礼品类/万元	88.40	137.70	139.40	108.80	112.20	115.60	142.80	136.00			
15	工艺品类/万元	35.00	56.00	47.60	60.20	39.20	49.70	63.00	67.90			
16	饰品类/万元	44.80	39.20	46.20	44.80	53.90	52.50	39.90	63.70			
17	销售总额/万元	168.20	232.90	233.20	213.80	205.30	217.80	245.70	267.60			

图2-29　数据行列转换前后的对比效果

7. 提取数据

通过数据提取操作，可以提取数据中的任意部分，这对数据分析而言非常实用。Excel 中可以使用 LEFT 函数、MID 函数和 RIGHT 函数来实现数据提取的工作。

（1）LEFT 函数。其语法格式为"=LEFT(text, num_chars)"，表示从指定的单元格中返回左侧的 1 个或多个字符。如 A1 单元格中的数据为"提取采集到的数据"，则"=LEFT(A1,1)"将返回"提"，"=LEFT(A1,2)"将返回"提取"。

（2）MID 函数。其语法格式为"=MID(text, start_num, num_chars)"，表示从指定的单元格中的指定位置返回 1 个或多个字符。如 A1 单元格中的数据为"提取采集到的数据"，则"=MID(A1,3,2)"将返回"采集"，"=MID(A1,5,4)"将返回"到的数据"。

（3）RIGHT 函数。其语法格式为"=RIGHT(text, num_chars)"，表示从指定的单元格中返回右侧的 1 个或多个字符。如 A1 单元格中的数据为"提取采集到的数据"，则"=RIGHT(A1,1)"将返回"据"，"=RIGHT(A1,2)"将返回"数据"。

任务实训

企业今年准备拓展业务，需要在北京另外租用一个办公场所。小米学会了数据的采集、清洗和管理等操作后，计划到网上采集一些相关的房源数据，然后对数据进行清洗，将整理好的数据交给老张，以供企业租房时参考，以降低企业寻找办公场所的成本。小米先使用八爪鱼采集器采集互联网上的房源数据，然后使用 Excel 对采集的数据进行适当的清洗和管理。

一、使用八爪鱼采集器采集数据

【实训背景】

小米了解到，企业对办公场所的需求主要包括地区（北京）、租金（4000 ～ 5000 元）、出租类型（整租）、使用类型（商住两用）等方面。因此小米需要找到一个租房平台，按这些要求筛选出合适的信息，然后利用八爪鱼采集器采集数据。

微课视频

使用八爪鱼采集器采集数据

【实训要求】

（1）使用八爪鱼采集器中的自定义任务功能采集数据。

（2）在八爪鱼采集器中适当调整采集字段，然后将数据以 Excel 表格的形式保存到计算机中。

【实训思路】

（1）登录安居客，将租房地区设置为"北京"，租金设置为"4000 ～ 5000 元"，类型设置为"整租"，"更多筛选"设置为"商住两用"，如图 2-30 所示。按此设置搜索房源，然后选择此时的网址，按【Ctrl+C】组合键复制网址。

图2-30 设置搜索条件并筛选信息

（2）启动八爪鱼采集器并登录，新建自定义任务，将复制的网址粘贴到"网址"

文本框中，单击 保存设置 按钮，如图 2-31 所示。

图2-31　新建自定义任务

（3）八爪鱼采集器自动完成识别工作后，查看哪些是不需要的字段，将鼠标指针移至这些字段上，单击出现的"删除字段"按钮🗑将其删除，如图 2-32 所示。这里需要将"标题""标题链接""图片""detailsitem_ 链接""detailsitem_1"等字段删除。

图2-32　识别并整理字段

（4）调整好需要采集的字段后，在"操作提示"面板中依次单击 生成采集设置 按钮和"保存并开始采集"超链接，将打开"请选择采集模式"对话框，单击"本地采集"栏下的 普通模式 按钮，如图 2-33 所示。

图2-33　选择采集模式

（5）八爪鱼采集器将开始采集数据并同步显示采集过程和结果。采集完成后将打开提示对话框，单击 导出数据 按钮，在打开的对话框中选择导出方式，这里选中"Excel (xlsx)"单选项，如图 2-34 所示。最后单击 确定 按钮，设置数据的保存位置和名称等信息，设置成功后便完成了数据采集的操作。

图2-34　按指定方式导出数据

二、清洗采集的数据

【实训背景】

小米利用八爪鱼采集器采集到需要的数据后，准备在 Excel 中打开采集的数据文件，按照公司对房源租金、规格、面积、朝向等的要求，利用数据清洗工具对数据做进一步加工。

【实训要求】

（1）使用分列功能将数据分为多列。

（2）使用查找与替换功能清除多余的空格。

（3）使用 Excel 的数据管理功能管理清洗好的数据内容。

【实训思路】

（1）打开"租房信息 .xlsx"文件（配套资源：\ 素材文件 \ 项目二 \ 任务实训 \ 租房信息 .xlsx），在 A 列单元格右侧插入两列空白列，然后在 A2:A56 单元格区域以"|"为参考，利用分列功能将数据分为 3 列，将 A、B、C 列项目的名称修改为"规格""面积""楼层"，结果如图 2-35 所示。

微课视频

清洗采集的数据

	A	B	C	D
1	规格	面积	楼层	detailsitem
2	2室1厅	60平方米	中层(共26层)	顶秀金石家园　　　　　　　丰台-宋家庄 金桥东街6号
3	2室1厅	56平方米	高层(共6层)	甘露园西里　　　　　　　　朝阳-甘露园 朝阳路
4	1室1厅	39平方米	低层(共17层)	三义东里　　　　西城-广安门外 马连道北街
5	2室1厅	89.3平方米	低层(共18层)	家和园(通州)　　　　　　　通州-永顺 永顺北街
6	1室1厅	40平方米	高层(共16层)	普惠南里　　　　　　海淀-公主坟 玉渊潭南路
7	1室1厅	76平方米	低层(共6层)	溪山嘉园东府里　　　　　海淀-四季青 早河路131号
8	1室1厅	45平方米	高层(共6层)	翠微东里　　　　　　海淀-公主坟 翠微路
9	1室1厅	33平方米	共5层	三虎桥南路12号院　　　　海淀-紫竹桥 三虎桥南路12号
10	2室1厅	80平方米	高层(共10层)	永旺家园(二区)　　　　海淀-西北旺 永丰路
11	1室1厅	64.8平方米	低层(共6层)	工业经委宿舍楼　　　　　昌平-昌平县城 西环路15号
12	2室1厅	55.1平方米	高层(共6层)	松榆里社区　　　　　　朝阳-松榆里 松榆北路
13	3室1厅	76平方米	低层(共6层)	鸭子桥路43号院　　　　西城-广安门外 鸭子桥路43号
14	2室1厅	60平方米	中层(共7层)	蒲黄榆四里　　　　　　丰台-蒲黄榆 景泰路

图2-35　以符号为参考分列数据

（2）在 D 列单元格右侧插入一列空白列，然后在 D2:D56 单元格区域以位置为参考，将数据分为两列，将分列后的 D 列、E 列项目的名称修改为"房源名称""地址"，结果如图 2-36 所示。

	A	B	C	D	E	
1	规格	面积	楼层	房源名称	地址	关键词
2	2室1厅	60平方米	中层(共26层)	顶秀金石家园	丰台-宋家庄 金桥东街6号	整租
3	2室1厅	56平方米	高层(共6层)	甘露园西里	朝阳-甘露园 朝阳路	整租
4	1室1厅	39平方米	低层(共17层)	三义东里	西城-广安门外 马连道北街	整租
5	2室1厅	89.3平方米	低层(共18层)	家和园(通州)	通州-永顺 永顺北街	整租
6	1室1厅	40平方米	高层(共16层)	普惠南里	海淀-公主坟 玉渊潭南路	整租
7	1室1厅	76平方米	低层(共6层)	溪山嘉园东府里	海淀-四季青 早河路131号	整租
8	1室1厅	45平方米	高层(共6层)	翠微东里	海淀-公主坟 翠微路	整租
9	1室1厅	33平方米	共5层	三虎桥南路12号院	海淀-紫竹桥 三虎桥南路12号	整租
10	2室1厅	80平方米	高层(共10层)	永旺家园(二区)	海淀-西北旺 永丰路	整租
11	2室1厅	64.8平方米	低层(共6层)	工业经委宿舍楼	昌平-昌平县城 西环路15号	整租

图2-36　以位置为参考分列数据

（3）按相同的思路将"关键词"项目下的数据分为 4 列，修改分列后各项目的名称，然后将"有无电梯"项目下的线路数据移至右侧"周边线路"项目下对应的位置，结果如图 2-37 所示。

图2-37　分列并移动数据

（4）按【Ctrl+H】组合键打开"查找和替换"对话框的"替换"选项卡，替换掉不需要的内容和符号，包括空格、数据原有的符号（通过复制该符号并粘贴到对话框中实现替换）、段落符号（在"查找内容"文本框中按【Ctrl+Enter】组合键会出现"，"，将其替换）、"平方米"文本、"元／月"文本等，将这些内容都替换为空，并将"面积"项目的名称修改为"面积（平方米）"，结果如图 2-38 所示。

图2-38　查找并替换不需要的数据

（5）删除"出租类型"项目，通过剪切与粘贴列的方法调整表格中其他项目的顺序，然后适当美化表格中的数据样式和项目列宽，结果如图 2-39 所示。

房源名称	规格	面积/平方米	每月租金/元	楼层	地址		朝向	有无电梯	周边线路
顶秀金石家园	2室1厅	60	5500	中层(共26层)	丰台-宋家庄金桥东街5号		朝南	有电梯	5/10号线/亦庄线
甘露园西里	2室1厅	56	5300	高层(共6层)	朝阳-甘露园朝阳路		南北		1/6号线/八通线
三义东里	2室1厅	39	5100	低层(共17层)	西城-广安门外马连道北街		朝南		7/9号线
家和园(通州)	2室1厅	89.3	5199	中层(共18层)	通州-永顺永顺北街		朝南	有电梯	6号线
普惠南里	1室1厅	40	5900	高层(共16层)	海淀-公主坟玉渊潭南路		朝东		1/9/10号线
溪山嘉园东府里	1室1厅	76	5500	低层(共6层)	海淀-四季青草河河131号		南北		1/9/10号线
翠微东里	2室1厅	45	5900	高层(共6层)	海淀-公主坟翠微路		南北		1/9号线
三虎桥南路12号院	1室1厅	33	5300	共5层	海淀-紫竹桥三虎桥南路12号		朝南	有电梯	6/9号线
永旺家园(二区)	2室1厅	80	5300	高层(共10层)	海淀-西北旺永丰路		南北		16号线
工业经委宿舍楼	1室1厅	64.8	3700	低层(共6层)	昌平-昌平县城西环路15号		南北		昌平线
松榆里社区	2室1厅	55.1	5700	高层(共6层)	朝阳-松榆里松榆北路		南北		10/14/17号线
鸭子桥路43号院	3室1厅	76	5900	低层(共6层)	西城-广安门外鸭子桥路43号		东西		14号线
蒲黄榆四里	2室1厅	60	5600	中层(共6层)	丰台-蒲黄榆景泰路		南北		5/8/14号线/8号线南段
芳古园一区	2室1厅	56	5200	低层(共25层)	丰台-方庄方庄蒲芳路9号		东南	有电梯	5/14号线
翠微中里	2室1厅	42	6000	共5层	海淀-公主坟万寿路乙15号		朝南		1/10号线
长椿街小区	1室1厅	44	5500	共4层	西城-长椿街长椿街		朝南		1/2/7/19号线/4号线大兴线
定慧西里	1室1厅	39.7	4700	高层(共6层)	海淀-定慧寺西翠路1号		朝南		1/6/10号线

图2-39　调整并美化表格

（6）按租金降序排列数据，便于企业快速了解表格中房源的租金范围。然后进入筛选状态，筛选不同规格的房源数量以及面积为 80 平方米的房源数量。最后以"朝向"为分类字段，以"房源名称"为汇总项，以"计数"为汇总方式，统计不同朝向房源的数量情况，结果如图 2-40 所示（配套资源：\效果文件\项目二\任务实训\租房信息 .xlsx）。

房源名称	规格	面积/平方米	每月租金/元	楼层	地址		朝向	有无电梯	周边线路
信和嘉园	1室1厅	46.8	6000	中层(共19层)	西城-马连道马连道路15号		朝北		7/9/14号线
长椿街小区	1室1厅	44	5500	共4层	西城-长椿街长椿街		朝北		1/2/7/19号线/4号线大兴线
中海城紫鑫园	1室1厅	50	5300	低层(共18层)	朝阳-十里河成寿寺路134号		朝北	有电梯	5/10号线/亦庄线
中海城紫鑫园	1室1厅	48	5300	中层(共23层)	朝阳-十里河成寿寺路134号		朝北		5/10号线/亦庄线
							朝北计数		
首城国际(公寓住宅)	1室1厅	47	6588	中层(共28层)	朝阳-双井广渠路36号		朝东		1/7/10/14号线
沿海赛洛城(北区)	1室1厅	59	6000	低层(共24层)	朝阳-百子湾百子湾东里104号		朝东	有电梯	1/7号线/八通线
普惠南里	1室1厅	40	5900	高层(共16层)	海淀-公主坟玉渊潭南路		朝东		1/9/10号线
炫彩嘉轩	1室1厅	40.2	5900	低层(共23层)	朝阳-望京阜安西路		朝东		14/15号线
							朝东计数		
白貂客天兴家园	2室1厅	87	6500	高层(共28层)	丰台-科技园区五圈南路29号		朝南	有电梯	9号线/房山线
顺源里小区	2室1厅	46	6000	低层(共6层)	朝阳-三元桥新源街		朝南		10/14号线/首都机场线
翠微中里	2室1厅	42	6000	共5层	海淀-公主坟万寿路乙15号		朝南		1/10号线
双安青年公寓	1室1厅	45	6000	高层(共17层)	海淀-中关村北三环西路		朝南		10/13/16号线/4号线大兴线
翠微东里	2室1厅	45	5900	高层(共6层)	海淀-公主坟翠微路		朝南		1/9号线
城华园	1室1厅	48	5800	低层(共27层)	海淀-学院路学清路21号		朝南	有电梯	15号线
融泽嘉园东2号院	1室1厅	63.3	5800	高层(共34层)	昌平-回龙观龙城小区2号		朝南		13号线
北河沿大街小区	1室1厅	41	5700	中层(共6层)	东城-王府井北河沿大街		朝南		5/8/6/8号线
蒲黄榆四里	2室1厅	60	5600	中层(共7层)	丰台-蒲黄榆景泰路		朝南		5/8/14号线/8号线南段
沙河沿和谐小区	1室1厅	37.5	5600	低层(共7层)	朝阳-南沙滩望京高速		朝南		15号线
翠微北里	2室1厅	41.1	5600	中层(共6层)	海淀-公主坟翠微路		朝南	有电梯	1/6/10号线

图2-40　排序、筛选与分类汇总数据

课后习题

1. 选择题

（1）下列关于商务数据的采集途径，不正确的是（　　）。

    A．企业在日常经营过程中，应当注意积累并分类保管各种数据

    B．调查问卷中的内容不宜设计得过多和过于复杂

    C．互联网上只能采集到公开和免费的数据

    D．百度指数是采集商务数据的一种途径

（2）下列关于八爪鱼采集器的常见采集方法中，更为灵活的一种是（　　）。

    A．模板采集   B．自动识别采集

    C．手动采集   D．云采集

（3）下列选项中，不属于商务数据清洗工具的是（　　）。

    A．记事本   B．VBA

    C．Python   D．八爪鱼采集器

（4）公式或函数中的某个数值出现问题时，Excel 中会出现（　　）提示内容。

    A．#DIV/0!   B．#NUM!

    C．#VALUE!   D．#REF!

（5）如果需要快速清洗 Excel 中的空格，应该选择的功能是（　　）。

    A．条件格式   B．查找与替换

    C．删除重复值   D．设置数据类型

2. 判断题

（1）如果无法通过复制和下载的方法获取数据，则说明该数据无法采集。（　　）

（2）使用火车采集器需要发现网页代码的规律。（　　）

（3）当采集的数据中存在缺失值时，应想办法将缺失值补全。（　　）

（4）函数"=IFERROR(A2+B2,"/")"表示如果单元格中的公式存在错误，则返回"/"。（　　）

（5）分类汇总数据时，应该首先对数据进行排序。（　　）

3. 操作题

（1）某企业想要了解北京地区二手笔记本电脑的价格情况，请在 58 同城的二手市场中搜索相关数据，将搜索条件设置为"2000～3500"元，拥有者为"个人"，含正品发票。然后利用八爪鱼采集器采集搜索页面中的数据，数据字段主要包括笔

记本电脑的型号和价格，最后将采集的数据以 Excel 表格的形式保存到计算机中。

（2）打开"商品详情 .xlsx"文件（配套资源：\ 素材文件 \ 项目二 \ 课后习题 \ 商品详情 .xlsx），通过检查并删除重复值、调整数据类型、查找和替换缺失值等操作，对采集的数据进行适当清洗，然后美化表格，参考效果如图 2-41 所示（配套资源：\ 效果文件 \ 项目二 \ 课后习题 \ 商品详情 .xlsx）。

浏览量（仅C店）	品牌	标价/元	折扣价/元	收藏量/次	评价数/条	估算日销售额/元	日销量/件	7天销量/件	7天销量升降	30天销量/件	30天付款人数/位
3051	安字之家	39.8	9.9	1910	128	0	0	49	32.43%	194	86
89	AN YOUNG	38	16.8	100	13	0	0	2	0.00%	15	11
3196	安字之家	98–148	29.8–48.8	6160	20	0	0	1	−50.00%	9	8
759	安字之家	60	15	248	2	0	0	0	0.00%	0	0
1003	AN YOUNG	68–148	19.9–49.8	88	3	0	0	0	0.00%	0	0
124	AN YOUNG	78	26	20	1	0	0	0	0.00%	0	0
36	AN YOUNG	128	68.8	4	1	0	0	0	0.00%	0	0
5639	安字之家	138–448	49.0–148.0	3364	11	49	2	5	400.00%	10	10
698	安字之家	58	14.5	146	6	0	0	0	0.00%	1	1
643	安字之家	88	29.8	134	2	0	0	0	0.00%	2	2
3130	安字之家	78	25.8	5696	16	0	0	1	100.00%	4	4
1134	AN YOUNG	108–118	35	474	0	0	0	0	0.00%	0	0
55	AN YOUNG	148	48	30	0	0	0	0	0.00%	0	0
1867	AN YOUNG	50	18.8	396	22	0	0	3	0.00%	28	13
1976	AN YOUNG	238	78	1260	0	0	0	0	0.00%	0	0
795	AN YOUNG	89.8	29.9	342	1	0	0	4	100.00%	6	6
465	AN YOUNG	158–268	49.8–89.8	70	11	49.8	1	2	100.00%	1	1
287		58	16.9	76	3	0	0	0	0.00%	0	0
935	安字之家	29.8–89.9	9.8–38.0	414	1	0	0	0	0.00%	0	0
562	安字之家	58	15.8	126	4	0	0	5	100.00%	6	6
1174	AN YOUNG	68	19.8	326	2	0	0	0	−100.00%	2	2
2215	AN YOUNG	30–200	19.8–74.8	364	49	0	0	16	128.57%	46	36
88	AN YOUNG	68	18.5–25.5	26	1	0	0	0	−100.00%	0	0

图2-41　参考效果

拓展阅读

Excel 中的公式组成与公式引用

1．Excel 中的公式组成

Excel 中的公式（包括函数）必须以"="开头，其后可以包含常量、运算符、单元格（区域）引用、函数等对象，如图 2-42 所示，各对象的含义如下。

等号　单元格引用　　常量　运算符　　　　　　函数　　　　　　　　单元格区域引用

$$=A5*12+AVERAGE(B2:B9)$$

图2-42　Excel中的公式组成

（1）常量：不会变化的数据，如数字和文本，文本需用英文状态下的引号括起来使用。

（2）运算符：公式进行运算的符号，如加号"+"、乘号"*"、除号"/"等。

（3）单元格（区域）引用：单元格地址，代表计算该地址所对应的单元格（区域）中的数据。

（4）函数：相当于公式中的一个参数，参与计算的数据为函数返回的结果。函数的语法格式为"函数名 (参数 1, 参数 2, 参数 3,...)"。例如，求和函数 SUM(A1:A3, B2:B4) 就表示计算 A1:A3 单元格区域之和与 B2:B4 单元格区域之和，并汇总这两个结果。当该函数出现在某个公式中时，则汇总结果就是公式的参数。

2．Excel中的公式引用

如果公式中含有单元格引用，则移动、复制公式时会涉及公式引用的问题。具体来说，公式的引用有 3 种情况，分别是相对引用、绝对引用和混合引用。

（1）相对引用：指公式中引用的单元格地址会随公式所在单元格的位置变化而相对改变。默认情况下，公式中的单元格引用都是相对引用，移动、复制公式也会产生相对引用的效果。如 C1 单元格中的公式为"=A1+B1"，则将 C1 单元格中的公式复制到 C2 单元格中时，其公式将自动发生位置上的相对变化，即公式变为"=A2+B2"。

（2）绝对引用：指无论公式所在的单元格地址如何变化，公式中引用的单元格地址始终不变。在公式中引用的单元格地址的行号和列标左侧加上"$"符号，就能使相对引用变为绝对引用。如 C1 单元格中的公式为"=$A$1+$B$1"，则将 C1 单元格中的公式复制到 C2 单元格中时，其公式同样为"=$A$1+$B$1"。按【F4】键可以将所选的公式内容在相对引用和绝对引用之间转换。

（3）混合引用：指公式的单元格引用中既有相对引用又有绝对引用的情况。如 C1 单元格中的公式为"=$A$1+B1"，则将 C1 单元格中的公式复制到 C2 单元格中时，其公式将变为"=$A$1+B2"。

项目三

市场和行业数据分析

【知识目标】

◎ 了解市场和行业数据分析的含义与作用。

◎ 掌握市场容量、市场变化趋势、市场潜力的分析方法。

◎ 掌握行业集中度、行业稳定性、行业前景的分析方法。

【技能目标】

◎ 能够借助数据完成对市场的各种分析。

◎ 能够利用波士顿矩阵等工具分析市场数据。

【素养目标】

◎ 培养对市场和行业数据的敏感度。

◎ 培养正确应对市场和行业变化的态度。

　　企业准备开拓男装套装市场，具体类目需要在分析市场和行业后才能确定。为了让小米尽快参与数据分析工作，老张决定让小米来协助完成此次的市场和行业数据分析工作，希望小米借此机会了解市场和行业数据分析的基本概念，并掌握各种市场和行业数据分析的基本方法。

任务一 初识市场和行业数据分析

　　小米得知自己将参与市场和行业数据分析工作后，便积极地准备起来。在正式开展数据分析工作前，老张先给小米简单普及了市场和行业数据分析的基本知识，主要是市场和行业数据分析的含义和作用，使小米能够更好地认识市场和行业数据分析的重要性。

一、市场和行业数据分析的含义

市场和行业数据分析指的是出于一定的商业目的，通过科学的方法，对市场的规模、周期、潜力及行业整体情况等进行分析的行为。从这个含义中不难看出，市场和行业数据分析具有一定的目的性，且需要借助一定的分析方法，这就要求数据分析人员在采集数据时注意数据来源的准确性，在分析数据时要注意分析方法的合理性。针对不同的分析对象，应该选择哪种分析方法、如何分析、怎样得到更可靠的结果等，都是数据分析人员需要认真考虑的问题。

二、市场和行业数据分析的作用

企业开展的各种经济活动，都需要围绕市场和行业展开，因此分析市场和行业数据是非常有必要的，它的作用主要体现在以下几个方面。

（1）市场和行业数据分析是企业进行项目评估的起点和基础。当企业需要开展某个项目时，如拓展经营范围、调整市场策略等，就需要进行项目评估，目的是确认项目的必要性、可行性，归根结底是要看该项目能否适应市场和行业的需求。因此，开展项目评估的首要工作就是进行市场和行业数据分析。

（2）市场和行业数据分析是确定合理的经济规模的重要依据。合理的经济规模是指在一定的技术经济条件下，项目的投入产出比处于较好的状态，资源和资金可以得到充分利用，并可获取较好的经济效益。为了实现合理的经济规模，需要通过市场和行业数据分析确定市场和行业的容量、变化周期、内在潜力等情况，以便企业做出合理决策。

（3）市场和行业数据分析是探寻行业整体情况的有效方法。市场与行业是密不可分的，要想更好地了解市场情况，需要对市场所在的行业有更多的了解。通过市场和行业数据分析可以了解行业的稳定性和集中度等基本情况，从而达到了解行业的目的。

任务二 分析市场数据

小米通过生意参谋平台采集了关于男装套装的市场数据,主要是在该平台的"市场"页面的"市场大盘"区域,采集了男装套装各子类目的交易指数、支付金额较父行业占比指数、父行业卖家数占比等数据。老张要求小米利用这些数据完成对市场情况的基本分析。

一、分析市场容量

微课视频

市场容量分析

市场容量体现的是市场的规模大小，对将开拓市场的企业而言，了解市场容量是非常重要的，小规模投入大容量的市场，或大规模投入小容量的市场，都不利于企业的发展。下面以采集的2022年男装套装各月份的支付金额较父行业占比指数为例，介绍分析市场容量的方法，具体操作如下。

（1）打开"市场容量.xlsx"文件（配套资源:\素材文件\项目三\市场容量.xlsx），在【插入】/【表格】组中单击"数据透视表"按钮，如图3-1所示。

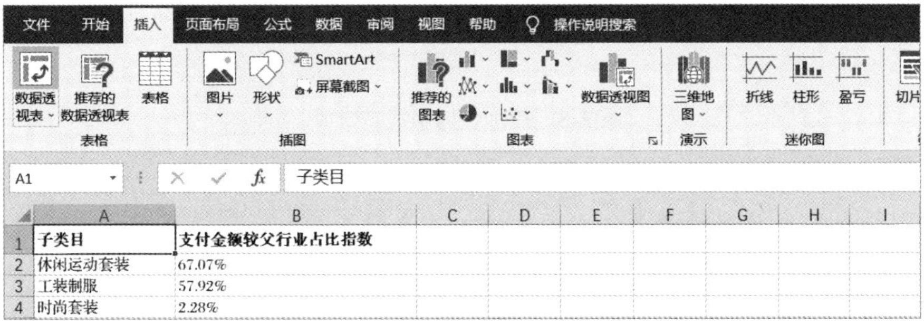

图3-1 单击"数据透视表"按钮

（2）打开"来自表格或区域的数据透视表"对话框，在"表/区域"文本框中，Excel将自动判断数据区域为A1:B49单元格区域，默认选中"新工作表"单选项，单击 确定 按钮，如图3-2所示。

图3-2 创建数据透视表

（3）Excel 将在新的工作表中建立一个空白的数据透视表，并显示"数据透视表字段"任务窗格，勾选"子类目"和"支付金额较父行业占比指数"复选框，此时"子类目"字段会自动添加到下方的"行"列表框中，"支付金额较父行业占比指数"字段会自动添加到"值"列表框中，数据透视表将同步统计出男装套装各子类目全年的指数之和，如图 3-3 所示。

图3-3　添加数据透视表字段

🎓 小提示

> 拖曳某个数据透视表字段至下方的某个列表框中，可将该字段添加到对应的列表框中；从列表框中将字段拖曳出"数据透视表字段"任务窗格的区域，则可将该字段从列表框中删除。

（4）选择数据透视表中的任意数据，在【数据透视表工具 数据透视表分析】/【工具】组中单击"数据透视图"按钮，打开"插入图表"对话框，选择左侧的"柱形图"选项，然后选择"簇状柱形图"选项，如图 3-4 所示，单击 确定 按钮插入图表。

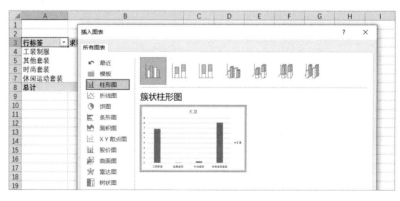

图3-4　插入图表

（5）在【数据透视图工具 设计】/【图表布局】组中单击"快速布局"下拉按钮，在打开的下拉列表中选择"布局4"选项，删除下方的图例对象。在【开始】/【字体】组中将字体格式设置为"方正兰亭纤黑简体，10号"，拖曳图表右下角的控制点，适当增加图表的宽度和高度，结果如图3-5所示。由图3-5可知，在男装套装市场中，休闲运动套装和工装制服两个子类目占据了绝大部分的市场容量。

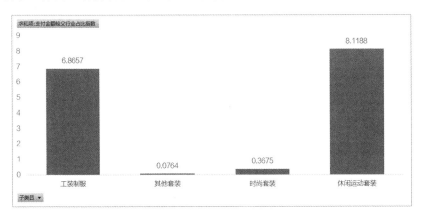

图3-5 设置并美化图表

小提示

支付金额较父行业占比指数的含义为：当前子类目在选定时间内的支付金额在上一级类目支付金额中的占比情况。该指数越高，说明该子类目的市场容量占比越大。

（6）为了更直观地查看市场容量占比情况，可以在【数据透视图工具 设计】/【类型】组中单击"更改图表类型"按钮，在打开的对话框中选择"饼图"选项，调整数据透视图的类型，结果如图3-6所示。

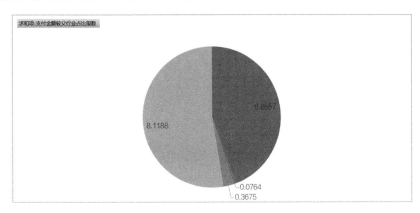

图3-6 更改图表类型

（7）双击图表上的数据标签，打开"设置数据标签格式"任务窗格，在"标签包括"栏中勾选"类别名称""百分比""显示引导线"复选框，在"分隔符"下拉列表中选择"（空格）"选项，如图3-7所示。

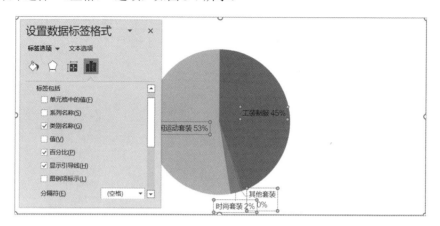

图3-7　设置数据标签格式

（8）在"设置数据标签格式"任务窗格中展开"数字"栏，在"类别"下拉列表中选择"百分比"选项，在"小数位数"数值框中输入"1"，按【Enter】键完成设置，调整数据标签中数据的显示格式，如图3-8所示。

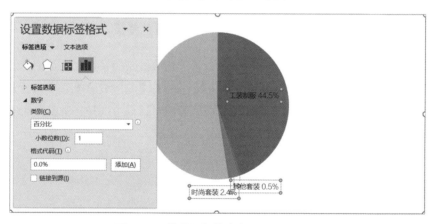

图3-8　调整数据标签中数据的显示格式

（9）单独选择某一个数据标签，将其拖曳至适当的位置，既能显示出引导线，又不影响阅读，最终效果如图3-9所示（配套资源：\效果文件\项目三\市场容量.xlsx）。由图3-9可知，在男装套装市场中，休闲运动套装与工装制服的市场容量占比之和高达97.1%，是男装套装市场中市场容量最大的两个子类目。市场容量越大，通常代表进入该市场的企业数量越多，竞争也越激烈。

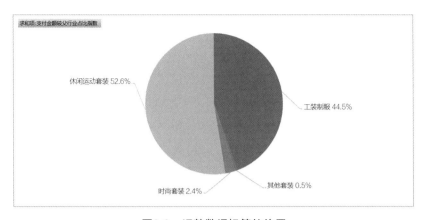

图3-9　调整数据标签的位置

二、分析市场变化趋势

市场变化趋势可以理解为市场的生命周期，了解市场变化趋势有助于企业在市场的不同阶段采取相应的运营策略和措施，以便更好地适应市场。在 Excel 中可以利用交易指数和月份指标来分析男装套装市场下各子类目的市场变化趋势，具体操作如下。

微课视频

市场变化
趋势分析

（1）打开"市场变化趋势 .xlsx"文件（配套资源：\ 素材文件 \ 项目三 \ 市场变化趋势 .xlsx），创建一个数据透视表，将"月份"字段添加到"行"列表框中，将"子类目"字段添加到"列"列表框中，将"交易指数"字段添加到"值"列表框中，如图 3-10 所示。

求和项:交易指数	列标签			
行标签	工装制服	其他套装	时尚套装	休闲运动套装
10月	2474156	191340	434251	1959548
11月	3221953	261716	756565	3445161
12月	2735359	271743	599393	3538747
1月	3687524	343783	610576	4431676
2月	3106984	364915	682750	4282364
3月	2701989	308383	612934	3679370
4月	2524285	279046	527129	3413645
5月	2832682	425211	526323	3804863
6月	3913297	338064	499612	3967753
7月	3468708	365200	543002	3241534
8月	2645600	320182	473846	2544680
9月	1434593	227168	477607	2365393
总计	34747130	3696751	6743988	40674734

数据透视表字段

选择要添加到报表的字段：

搜索

☑ 子类目

在以下区域间拖动字段：

▼ 筛选　　　　Ⅲ 列
　　　　　　　子类目

Ⅲ 行　　　　Σ 值
月份　　　　求和项:交易指数

☐ 延迟布局更新　　　更新

图3-10　创建数据透视表

（2）拖曳鼠标选择"10月""11月""12月"所在行的数据，然后拖曳所选单元格区域的上边框至"9月"所在行的下方，调整数据的排列位置，结果如图3-11所示。

A14	▾	:	×	✓	fx	10月		
▲	A	B	C	D	E	F	G	H
1								
2								
3	求和项:交易指数	列标签 ▾						
4	行标签 ▾	工装制服	其他套装	时尚套装	休闲运动套装	总计		
5	1月	3687524	343783	610576	4431676	9073559		
6	2月	3106984	364915	682750	4282364	8437013		
7	3月	2701989	308383	612934	3679370	7302676		
8	4月	2524285	279046	527129	3413645	6744105		
9	5月	2832682	425211	526323	3804863	7589079		
10	6月	3913297	338064	499612	3967753	8718726		
11	7月	3468708	365200	543002	3241534	7618444		
12	8月	2645600	320182	473846	2544680	5984308		
13	9月	1434593	227168	477607	2365393	4504761		
14	10月	2474156	191340	434251	1959548	5059295		
15	11月	3221953	261716	756565	3445161	7685395		
16	12月	2735359	271743	599393	3538747	7145242		
17	总计	34747130	3696751	6743988	40674734	85862603		
18								

图3-11　调整数据的排列位置

（3）在数据透视表的基础上创建数据透视图，类型为折线图，为图表应用"布局4"布局样式，删除图例，适当增加图表的宽度与高度，并将图表的字体格式设置为"方正兰亭纤黑简体，10号"，结果如图3-12所示。

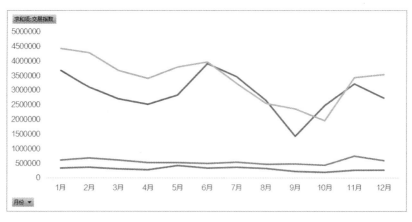

图3-12　设置并美化图表

（4）在【数据透视图工具 数据透视图分析】/【筛选】组中单击"插入切片器"按钮，打开"插入切片器"对话框，勾选"子类目"复选框，然后单击 确定 按钮，如图3-13所示。

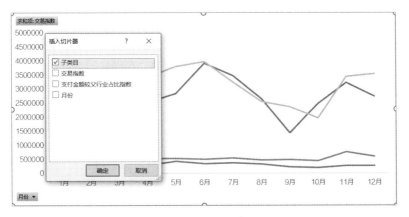

图3-13 插入切片器

（5）在切片器中选择"休闲运动套装"选项，此时数据透视图中将仅显示该子类目的市场变化趋势，如图3-14所示。由图3-14可知，休闲运动套装子类目的销售高峰期是1月，销售低谷期是10月，6月会迎来第二个销售小高峰期。

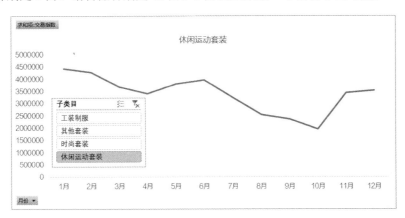

图3-14 选择"休闲运动套装"选项

🎓 小提示

面对市场变化的不同阶段，企业应当有不同的运营策略。以图3-14为例，市场在10月过后，应该是处于导入期（即商品刚投入市场的时期）或成长期，此时市场竞争力相对不足，市场增长快速，企业就可以执行加快市场推进速度、迅速占领市场的策略；当市场处于1月、2月等成熟期时，市场基本上被行业知名企业抢占，此时进入市场，企业需要考虑如何通过差异化的商品和服务抢占市场；当市场处于8月、9月等衰退期时，企业就应该考虑提前处理库存，甚至适当准备退出竞争的运营策略。

（6）在切片器中按住【Ctrl】键加选"工装制服"选项，此时数据透视图中将同时显示两个子类目的市场变化趋势。选择数据透视图，在【数据透视图工具 设计】/【图表布局】组中单击"添加图表元素"下拉按钮，在打开的下拉列表中选择【图例】/【底部】选项，为图表添加图例对象，结果如图 3-15 所示。

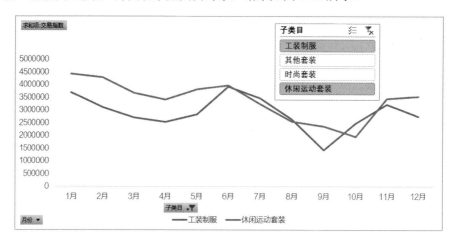

图3-15　为图表添加图例对象

（7）选择代表工装制服的折线图，在【数据透视图工具 格式】/【形状样式】组中单击下拉按钮，在打开的下拉列表中选择【虚线】/【短划线】选项，使两条折线更容易区分，最终效果如图 3-16 所示（配套资源：\效果文件\项目三\市场变化趋势 .xlsx）。由图 3-16 可知，工装制服的市场变化趋势与休闲运动套装市场的变化趋势是较为相似的，但工装制服的销售低谷期是 9 月，整体交易指数低于休闲运动套装市场。

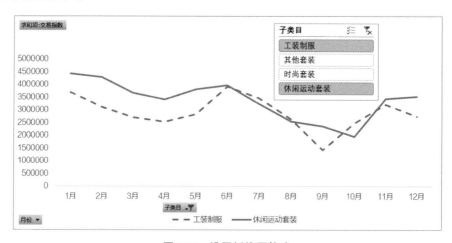

图3-16　设置折线图格式

三、分析市场潜力

分析市场潜力可以了解市场的竞争情况。市场潜力可以借助蛋糕指数和市场容量两个指标进行分析。其中，蛋糕指数的计算公式为：蛋糕指数 = 支付金额较父行业占比指数 / 父行业卖家数占比。蛋糕指数与市场容量可能形成的关系主要有以下4种。

（1）蛋糕指数大，市场容量小。市场容量小，说明支付金额较父行业占比指数这个指标的数据小。将其代入蛋糕指数公式可知，由于分子小，要想蛋糕指数大，则分母必然很小，这就说明该市场的企业数量少，市场竞争小。市场参与价值需要做进一步分析。如果市场增长趋势较大，则值得进入；反之，则不值得进入。

（2）蛋糕指数大，市场容量大。市场容量大，说明支付金额较父行业占比指数这个指标的数据大。将其代入蛋糕指数公式可知，由于分子大，要想蛋糕指数大，则分母必然要小，这就表示市场容量大，同时企业数量少，市场竞争小，这就是典型的蓝海市场特征，是非常理想的市场环境。

（3）蛋糕指数小，市场容量大。分子大，结果小，说明分母大，即市场容量大，同时企业数量多。这种市场竞争较为激烈，市场参与价值取决于这方面的优势和资源，如品牌、差异化商品或服务等，如果有且能在竞争中占有一定的优势，则值得进入。

（4）蛋糕指数小，市场容量小。分子小，结果小，说明分母不会太小，即市场容量小，同时企业数量较多，说明很多企业在抢很小的市场份额；如果企业数量相对较少，则说明竞争不算过于激烈，此时可以适时观望，观察市场趋势以做进一步分析。

🎓 小提示

就市场环境而言，"蓝海"指代的是需求旺盛、竞争小的市场环境，往往是目前还不存在或未知的领域。与之对应的则是"红海"，这类市场代表竞争极端激烈的环境，指代的一般是目前存在或已知的市场。

分析市场潜力时，需要采集生意参谋平台中各子类目的支付金额较父行业占比指数和父行业卖家数占比这两个指标的数据。其中，父行业卖家数占比在"市场"页面的"市场大盘"区域的"卖家概况"中采集。下面分析男装套装市场下各子类目的市场潜力，具体操作如下。

（1）打开"市场潜力.xlsx"文件（配套资源：\素材文件\项目三\市场潜力.xlsx），以表格中的数据为数据源创建一个数据透视表，将"子类目"字段添加到"行"列表框中。在【数据透视表工具 数据透视表分析】/【计算】组中单击"字段、项目和集"下拉按钮 f_x，在打开的下拉列表中选择"计算字段"选项，如图3-17所示。

图3-17　创建数据透视表

（2）打开"插入计算字段"对话框，在"名称"文本框中输入"蛋糕指数"，在"公式"文本框中输入"="，双击下方"字段"列表框中的"支付金额较父行业占比指数"选项，然后在"公式"文本框中输入"/"，双击下方"字段"列表框中的"父行业卖家数占比"选项，单击 确定 按钮，如图3-18所示。

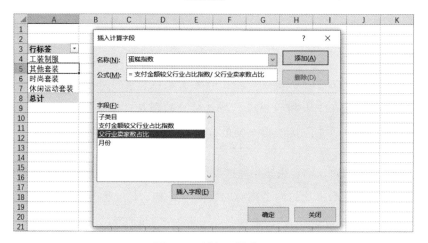

图3-18　插入计算字段

（3）在数据透视表的基础上创建数据透视图，类型为雷达图，为图表应用"布局4"布局样式，删除图例，适当增加图表的宽度与高度，并将图表中的字体格式设置为"方正兰亭纤黑简体，10号"，结果如图3-19所示。

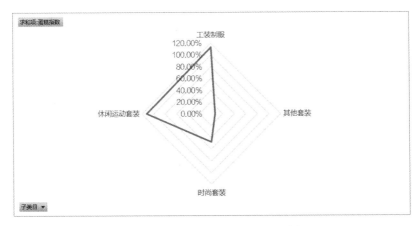

图3-19　创建数据透视图并适当美化

（4）在【数据透视图工具 数据透视表分析】/【筛选】组中单击"插入切片器"按钮，打开"插入切片器"对话框，勾选"月份"复选框，单击 确定 按钮，如图3-20所示。

图3-20　插入切片器

（5）在切片器中选择各个月份对应的选项，便可以查看各子类目对应的蛋糕指数，最终效果如图3-21所示（配套资源：\效果文件\项目三\市场潜力.xlsx）。由图3-21可知，就休闲运动套装和工装制服两个子类目而言，它们的蛋糕指数较大，结合前面对市场容量的分析可知，这两个子类目的市场容量也相对较大。因此，单从男装套装这个市场来看，休闲运动套装和工装制服两个子类目的市场潜力较大。

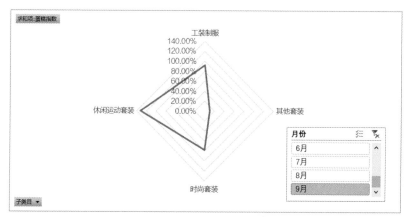

图3-21 各子类目的蛋糕指数

素养提升

在分析市场数据或其他数据时，为了使分析结果更加准确，通常需要采集时间跨度较长的数据，如近3年、近4年的数据。这个采集的过程可能比较烦琐，但也正因为如此，数据分析人员需要具备一定的专业知识和严谨的工作态度，只有一丝不苟地对数据负责，数据才会回馈更有价值的内容。

任务三 分析行业数据

小米对市场和行业这两个概念有点混淆，老张告诉她，客户和客户的需求构成市场，提供相似或替代商品的企业构成行业。例如，全国范围内喜爱吃葡萄干的客户构成葡萄干需求市场，提供葡萄干商品的所有企业构成葡萄干的供应行业。小米理解它们的区别后，认为市场更侧重观察客户和需求，行业则更侧重观察商品和企业。老张表示赞同，并告诉小米接下来就需要分析行业的集中度、稳定性和前景。

一、分析行业集中度

行业集中度可以反映行业的饱和度和垄断程度，它可以使用赫芬达尔指数来表示。该指数首先需要取得主要竞争对手的市场占有率，并忽略次要竞争对手，然后计算出主要竞争对手市场占有率的平方值，最后计算所有平方值的和。

实际操作时，可以在生意参谋平台的"市场"页面的"市场排行"区域中采集指定行业的品牌交易指数（一般可以采集前 50个品牌），通过这些品牌的交易指数来简单分析行业的集中度情况，具体操作如下。

微课视频

行业集中度分析

（1）打开"行业集中度.xlsx"文件（配套资源：\素材文件\项目三\行业集中度.xlsx），在 C1 单元格中输入"市场份额"，选择 C2:C51 单元格区域，在编辑栏中输入"=B2/SUM($B$2:$B$51)"，表示将该品牌交易指数除以表中所有品牌交易指数之和，结果如图 3-22 所示。

	品牌	交易指数	市场份额
1			
2	花花公子（PLAYBOY）	254,090	0.03032
3	CHINISM	246,385	0.02940
4	啄木鸟（TUCANO）	242,419	0.02893
5	乐希源	240,756	0.02873
6	卡旱	236,996	0.02828
7	卡帝乐鳄鱼（CARTELO）	236,865	0.02826
8	乔巴先生	233,622	0.02788
9	稻草人（MEXICAN）	229,680	0.02741
10	班尼路（Baleno）	223,921	0.02672
11	雅鹿	221,091	0.02638
12	太子龙（TEDELON）	218846	0.02611
13	画于木（HUAZIMU）	213,132	0.02543
14	真维斯（Jeanswest）	211,856	0.02528
15	BABIBOY	211,204	0.02520
16	皮尔卡丹（pierre cardin）	210,379	0.02510

图3-22　计算各品牌的市场份额

（2）在 D1 单元格中输入"市场份额平方值"，选择 D2:D51 单元格区域，在编辑栏中输入"=C2*C2"，表示对市场份额进行平方运算，结果如图 3-23 所示。

	品牌	交易指数	市场份额	市场份额平方值
1				
2	花花公子（PLAYBOY）	254,090	0.03032	0.0009193
3	CHINISM	246,385	0.02940	0.0008644
4	啄木鸟（TUCANO）	242,419	0.02893	0.0008368
5	乐希源	240,756	0.02873	0.0008253
6	卡旱	236,996	0.02828	0.0007997
7	卡帝乐鳄鱼（CARTELO）	236,865	0.02826	0.0007989
8	乔巴先生	233,622	0.02788	0.0007771
9	稻草人（MEXICAN）	229,680	0.02741	0.0007511
10	班尼路（Baleno）	223,921	0.02672	0.0007139
11	雅鹿	221,091	0.02638	0.0006960
12	太子龙（TEDELON）	218846	0.02611	0.0006819
13	画于木（HUAZIMU）	213,132	0.02543	0.0006468
14	真维斯（Jeanswest）	211,856	0.02528	0.0006391
15	BABIBOY	211,204	0.02520	0.0006351
16	皮尔卡丹（pierre cardin）	210,379	0.02510	0.0006302

图3-23　计算市场份额的平方值

（3）在 E1 单元格中输入"行业集中度"，选择 E2 单元格，在编辑栏中输入公式"=SUM(D2:D51)"，表示对所有品牌市场份额的平方值求和，按【Ctrl+Enter】组合键返回结果，结果如图 3-24 所示。由图 3-24 可知，男装套装近一个月的行业集中度为 0.02，这个数值越大，说明行业集中度就越大，当这个数值趋近于 1 时，表示行业被知名品牌垄断；反之，这个数值越小，说明行业集中度越小，市场越趋于自由竞争。

图3-24　计算行业集中度

（4）在 F1 单元格中输入"行业集中度倒数"，选择 F2 单元格，在编辑栏中输入公式"=1/E2"，表示计算行业集中度的倒数，按【Ctrl+Enter】组合键返回结果，结果如图 3-25 所示（配套资源：\ 效果文件 \ 项目三 \ 行业集中度 .xlsx）。由图 3-25 可知，男装套装行业集中度的倒数为 45.44927808，此结果表示在男装套装行业中最近一个月的市场份额基本上被 45 个品牌瓜分。

图3-25　计算行业集中度的倒数

二、分析行业稳定性

　　行业稳定性指的是需求、价格等因素偏离均衡情况后行业恢复为原来的均衡状态的性能。例如，某个行业中客户行为的变化对已经建立起来的均衡状态产生干扰，使实际价格偏离均衡价格，此时就需要对这一行为变化进行干扰。如果干扰过后，行业仍然能恢复到原来的均衡状态，则说明这个行业是稳定的。

行业稳定性涉及波动系数和极差两个指标，它们的计算公式如下。

波动系数 = 标准差 / 平均值

极差 = 最大值 − 最小值

其中，波动系数能够直接反映行业稳定性的情况，极差则可以体现行业的量级。

下面介绍波动系数和极差的计算和分析方法。在生意参谋平台中"市场"页面的"市场大盘"区域的"行业构成"区域中可以获取该行业近 12 个月的交易指数数据，并利用 Excel 中的 STDEV.P 函数和 AVERAGE 函数计算。下面以男装套装行业中休闲运动套装和工装制服两个子类目 2022 年各月份的交易指数为例，分析它们的波动系数和极差，以了解行业稳定性，具体操作如下。

微课视频

行业稳定性分析

（1）打开"行业稳定性 .xlsx"文件（配套资源：\ 素材文件 \ 项目三 \ 行业稳定性 .xlsx），其中按月份采集并整理了男装套装行业中休闲运动套装和工装制服两个子类目 2022 年 12 个月的交易指数数据。选择 E2:F2 单元格区域，在编辑栏中输入"=STDEV.P(B2:B13)"，按【Ctrl+Enter】组合键计算标准差，结果如图 3-26 所示。

E2		f_x =STDEV.P(B2:B13)					
	A	B	C	D	E	F	G H
1	月份	休闲运动套装	工装制服		休闲运动套装	工装制服	
2	2022年1月	4,431,676	3,687,524	标准差	726,257	627,305	
3	2022年2月	4,282,364	3,106,984	平均值			
4	2022年3月	3,679,370	2,701,989	波动系数			
5	2022年4月	3,413,645	2,524,285	极差			
6	2022年5月	3,804,863	2,832,682				
7	2022年6月	3,967,753	3,913,297				
8	2022年7月	3,241,534	3,468,708				
9	2022年8月	2,544,680	2,645,600				
10	2022年9月	2,365,393	1,434,593				
11	2022年10月	1,959,548	2,474,156				
12	2022年11月	3,445,161	3,221,953				
13	2022年12月	3,538,747	2,735,359				
14							
15							

图3-26 计算标准差

（2）选择 E3:F3 单元格区域，在编辑栏中输入"=AVERAGE(B2:B13)"，按【Ctrl+Enter】组合键计算平均值，结果如图 3-27 所示。

（3）选择 E4:F4 单元格区域，在编辑栏中输入"=E2/E3"，按【Ctrl+Enter】组合键计算波动系数，结果如图 3-28 所示。由图 3-28 可知，休闲运动套装和工装制服两个子类目的波动系数非常接近，说明二者的行业稳定性非常相似，但还需要通过极差来判断两个子类目的量级情况，才能分析出行业稳定性的差别。

图3-27　计算平均值

图3-28　计算波动系数

（4）选择 E5:F5 单元格区域，在编辑栏中输入"=MAX(B2:B13)-MIN(B2:B13)"，按【Ctrl+Enter】组合键计算极差，结果如图 3-29 所示（配套资源：\效果文件\项目三\行业稳定性.xlsx）。由图 3-29 可知，休闲运动套装和工装制服两个子类目的极差也十分接近，说明二者的行业量级也相似，这说明两个子类目行业稳定性几乎相同。另外，数据分析人员需要了解，对规模小的企业而言，选择波动系数越大的行业，机会可能相对较大；对规模中等或较大的企业而言，如果资源较好，则建议选择波动系数小的行业，因为行业相对稳定。

E5	▼	:	×	✓	fx	=MAX(B2:B13)-MIN(B2:B13)		

▲	A	B	C	D	E	F	G	H
1	月份	休闲运动套装	工装制服		休闲运动套装	工装制服		
2	2022年1月	4,431,676	3,687,524	标准差	726,257	627,305		
3	2022年2月	4,282,364	3,106,984	平均值	3,389,561	2,895,594		
4	2022年3月	3,679,370	2,701,989	波动系数	0.21	0.22		
5	2022年4月	3,413,645	2,524,285	极差	2,472,128	2,478,704		
6	2022年5月	3,804,863	2,832,682					
7	2022年6月	3,967,753	3,913,297					
8	2022年7月	3,241,534	3,468,700					
9	2022年8月	2,544,680	2,645,600					
10	2022年9月	2,365,393	1,434,593					
11	2022年10月	1,959,548	2,474,156					
12	2022年11月	3,445,161	3,221,953					
13	2022年12月	3,538,747	2,735,359					
14								

图3-29　计算极差

三、分析行业前景

市场潜力分析的是市场需求的发展空间，行业前景则是从商品的角度来分析行业未来的变化。分析行业前景可以采用波士顿矩阵分析法，该方法也被称作市场增长率 - 相对市场份额矩阵、四象限分析法等，它包含 4 个不同的象限，各个象限具有不同的定义和战略对策，如图 3-30 所示。

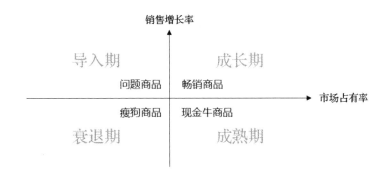

图3-30　波士顿矩阵

（1）畅销商品：指处于高销售增长率、高市场占有率的商品。这类商品处于成长期，可以加大投资以快速发展，采用的战略是积极扩大经济规模和把握市场机会，以长远利益为目标，提高市场占有率，加强竞争地位。

（2）现金牛商品：指处于低销售增长率、高市场占有率的商品。这类商品处于成熟期，其特点是销量大、利润率高、负债率低，可以得到稳定的利润，而且由于销售增长率低，无须加大投资，因此可以有效回收资金。

（3）问题商品：指处于高销售增长率、低市场占有率的商品。这类商品处于导入期，其特点是利润率较低、所需资金不足、负债率高。经营这类商品，一方面市场机会大，前景好，另一方面需要改善市场营销等环节存在的问题，使商品尽快得到市场认可。

（4）瘦狗商品：指处于低销售增长率、低市场占有率的商品。这类商品处于衰退期，其特点是利润率低、处于保本或亏损状态、负债率高，无法带来收益。此时应该采用撤退战略，首先应减少投入，逐渐撤退，对于那些销售增长率和市场占有率均极低的商品应立即淘汰。

下面利用波士顿矩阵分析男装套装行业中各子类目的行业前景，具体操作如下。

微课视频

行业前景分析

（1）打开"行业前景.xlsx"文件（配套资源：\ 素材文件 \ 项目三\行业前景.xlsx），在D1单元格中输入"市场占比"，选择D2:D5单元格区域，在编辑栏中输入"=C2/SUM($C$2:$C$5)"，按【Ctrl+Enter】组合键返回结果，计算出2022年12月男装套装各子类目所占男装套装的市场比例，结果如图3-31所示。

子类目	2022年11月交易指数	2022年12月交易指数	市场占比
休闲运动套装	3,445,161	3,538,747	49.53%
工装制服	3,221,953	2,735,359	38.28%
时尚套装	756,565	599,393	8.39%
其他套装	261,716	271,743	3.80%

D2 单元格编辑栏：=C2/SUM($C$2:$C$5)

图3-31　计算市场占比

（2）在E1单元格中输入"环比增幅"，选择E2:E5单元格区域，在编辑栏中输入"=(C2-B2)/B2"，按【Ctrl+Enter】组合键返回结果，计算出男装套装各子类目2022年12月的环比增幅情况，结果如图3-32所示。

（3）选择D1:E5单元格区域，在【插入】/【图表】组中单击"插入散点图（X、Y）或气泡图"下拉按钮，在打开的下拉列表中选择第一种图表类型，如图3-33所示。

图3-32 计算环比增幅

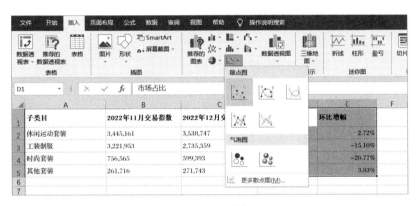

图3-33 插入散点图

（4）删除图表标题，为图表应用【图表工具 图表设计】/【图表样式】下拉列表中的"样式4"图表样式，将图表的字体格式设置为"方正兰亭纤黑简体，10号"，适当增加图表的宽度和高度，结果如图3-34所示。

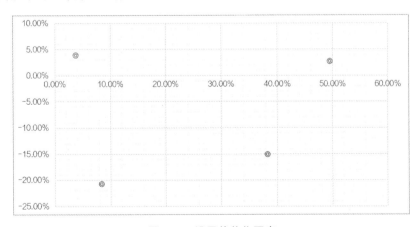

图3-34 设置并美化图表

（5）双击图表中的纵坐标轴，在打开的"设置坐标轴格式"任务窗格中选中"坐标轴值"单选项，在右侧的文本框中输入"-0.075"（即纵坐标轴最大值与最小值之和的一半），如图3-35所示。

图3-35　设置纵坐标轴的位置

（6）选择图表中的横坐标轴，在"设置坐标轴格式"任务窗格中选中"坐标轴值"单选项，在右侧的文本框中输入"0.3"（即横坐标轴最大值与最小值之和的一半），如图3-36所示。

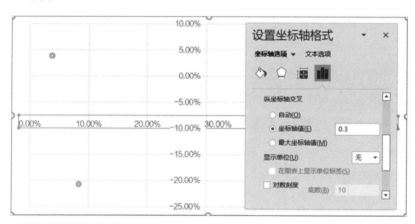

图3-36　设置横坐标轴的位置

（7）在【图表工具 图表设计】/【图表布局】组中单击"添加图表元素"下拉按钮，在打开的下拉列表中选择【数据标签】/【上方】选项。选择图表中添加的数据标签，在"设置数据标签格式"任务窗格的"标签包括"栏中勾选"单元格中的值"复选框，打开"数据标签区域"对话框，在其中引用A2:A5单元格区域作为数据标签的值，单击 确定 按钮，如图3-37所示。

（8）取消勾选"标签包括"栏中的"Y值"复选框，调整数据标签的显示内容，如图3-38所示。

（9）选择图表中的水平网格线，按【Delete】键将其删除。按相同方法选择垂直网格线，并按【Delete】键将其删除，效果如图3-39所示。

图3-37　添加数据标签

图3-38　调整数据标签的显示内容

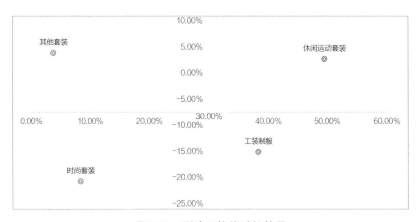

图3-39　删除网格线后的效果

（10）由于删除网格线时会影响纵坐标轴的显示，因此需要手动添加纵坐标轴。在【插入】/【插图】组中单击"形状"下拉按钮，在打开的下拉列表中选择"线条"栏中的第一个选项，在图表中按住【Shift】键向下拖曳绘制线条，然后调整右图的颜色（灰色）和位置，最终效果如图3-40所示（配套资源：\效果文件\项目三\行业前景.xlsx）。由图3-40可知，就该时期而言，休闲运动套装类目商品处于成长期，应加大投入；工装制服类目商品处于成熟期，应挖掘更多的销量和利润；其他套装类目商品处于导入期，需要想办法使商品尽快得到市场的认可；时尚套装类目商品处于衰退期，应注意逐步减少投入，逐步退出。

图3-40　添加纵坐标轴后的效果

任务实训

　　虽然小米在老张的指导下完成了市场和行业数据的分析任务，但她认为自己还需要继续锻炼，进一步提升数据分析能力。因此在老张的支持下，小米采集到男装羊绒衫和男装西服外套两个类目的市场和行业数据，接下来她将独自完成市场和行业数据分析的相关任务。

一、分析男装羊绒衫市场数据

【实训背景】

　　小米对男装羊绒衫数据加以整理，得到了全年男装羊绒衫各子类目的交易指数、支付金额较父行业占比、父行业卖家数占比等数据。小米将通过这些数据分析男装羊绒衫市场的容量、变化趋势和潜力，进一步掌握市场数据分析的基本方法。

【实训要求】

　　（1）利用支付金额较父行业占比指标分析男装羊绒衫各子类目的市场容量，要求使用 Excel 中的数据透视表和数据透视图进行操作。

（2）利用交易指数和月份指标分析男装羊绒衫各子类目的市场变化趋势，同样要求使用 Excel 中的数据透视表和数据透视图进行操作。

（3）利用支付金额较父行业占比、父行业卖家数占比两个指标分析男装羊绒衫各子类目的市场潜力，要求借助蛋糕指数在数据透视表和数据透视图中进行操作。

【实训思路】

（1）打开"男装羊绒衫 .xlsx"文件（配套资源：\ 素材文件 \ 项目三 \ 任务实训 \ 男装羊绒衫 .xlsx），以其中的数据为数据源在新工作表中创建数据透视表，并将工作表名称修改为"市场容量"（双击下方的工作表标签可重命名工作表）。

（2）在"数据透视表字段"任务窗格中分别将"子类目"和"支付金额较父行业占比"字段添加到"行"列表框和"值"列表框中。

（3）在数据透视表的基础上创建数据透视图，类型为饼图，为图表应用"布局 4"布局样式，删除图例，将字体格式设置为"方正兰亭纤黑简体，10 号"，适当增加图表的宽度和高度。

（4）将图表上的数据标签内容设置为"类别名称、百分比、显示引导线"，将数据标签的数据格式设置为"百分比、1 位小数"，调整数据标签的位置，效果如图 3-41 所示。由图 3-41 可知，针织衫 / 毛衣的市场容量最大，占比超过了 70%，背心 / 马甲的市场容量占比为 20% 左右，夹克的市场容量占比低于 10%。

图3-41　分析市场容量

（5）以"男装羊绒衫 .xlsx"文件中的数据为数据源，在新工作表中创建数据透视表，并将工作表命名为"市场变化趋势"，"行""列""值"列表框中对应的字段分别为"月份""子类目""交易指数"。然后创建数据透视图，类型为折线图，适当美化图表。接着插入"子类目"切片器，分别查看 3 个子类目的市场变化趋势，效果如图 3-42 所示。由图 3-42 可知，针织衫 / 毛衣全年的交易指数呈稳步上升的变化趋势。

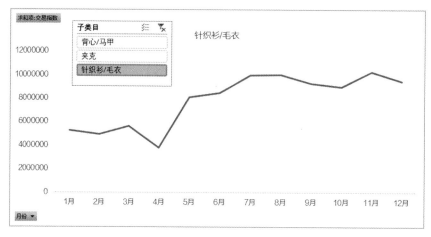

图3-42　市场变化趋势参考效果

（6）按步骤（5）中的方法，在"市场潜力"新工作表中创建数据透视表，"行""值"列表框中对应的字段分别为"子类目""蛋糕指数"，其中蛋糕指数需要通过添加计算字段来生成。然后创建数据透视图，类型为雷达图，适当美化图表。接着插入"月份"切片器，分别查看各月份 3 个子类目的市场潜力，效果如图 3-43 所示（配套资源：\ 效果文件 \ 项目三 \ 任务实训 \ 男装羊绒衫 .xlsx）。由图 3-43 可知，夹克在 1 月的市场潜力最大。

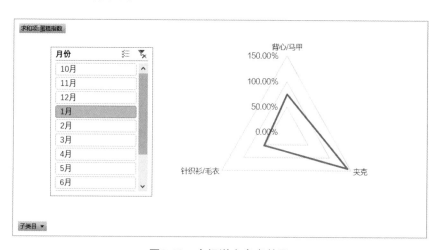

图3-43　市场潜力参考效果

二、分析男装西服外套行业数据

【实训背景】

小米为了巩固行业数据分析的相关知识，将独自完成男装西服外套行业的数据分析，包括行业集中度、行业稳定性的分析工作。

【实训要求】

（1）通过 50 个品牌的交易指数分析男装西服外套行业的集中度。

（2）通过男装西服外套行业中两个子类目全年的交易指数分析男装西服外套行业的稳定性。

【实训思路】

（1）打开"男装西服外套.xlsx"文件（配套资源：\素材文件\项目三\任务实训\男装西服外套.xlsx），切换到"行业集中度"工作表，首先计算各品牌的市场份额和市场份额平方值，然后通过市场份额平方值计算行业集中度以及行业集中度倒数，结果如图 3-44 所示。由图 3-44 可知，男装西服外套行业的集中度为 0.02，约 46 个品牌瓜分该市场。

交易指数	市场份额	市场份额平方值	行业集中度	行业集中度倒数	
23,262	0.03950	0.0015600	0.02	45.65924753	
20,328	0.03451	0.0011913			
19,381	0.03291	0.0010829			
18,255	0.03100	0.0009607			
17,436	0.02960	0.0008764			
16,934	0.02875	0.0008267			
15,860	0.02693	0.0007252			
15,242	0.02588	0.0006697			
14,308	0.02429	0.0005902			
14,225	0.02415	0.0005834			
14,201	0.02411	0.0005814			
14,160	0.02404	0.0005780			
13,997	0.02377	0.0005648			
13,928	0.02365	0.0005592			
13,421	0.02279	0.0005193			
13,120	0.02228	0.0004962			
13,022	0.02211	0.0004889			
12,753	0.02165	0.0004689			
12,686	0.02154	0.0004640			
12,477	0.02118	0.0004488			
12,216	0.02074	0.0004302			
12,202	0.02072	0.0004292			
12,042	0.02045	0.0004180			
11,266	0.01913	0.0003659			
10,767	0.01828	0.0003342			

图3-44　行业集中度

（2）切换到"行业稳定性"工作表，利用 STDEV.P 函数计算两个子类目的标准差，利用 AVERAGE 函数计算两个子类目的平均值，然后计算它们的波动系数和极差，结果如图 3-45 所示（配套资源：\效果文件\项目三\任务实训\男装西服外套.xlsx）。由图 3-45 可知，这两个子类目的量级是比较接近的，在这种情况下，

项目三

商务正装西服的波动系数大于休闲西服的波动系数，因此休闲西服行业的稳定性更好。

	A	B	C	D	E	F	G	H
1	月份	休闲西服	商务正装西服		休闲西服	商务正装西服		
2	2022年1月	18,204,582	16,278,744	标准差	5,460,873	5,818,415		
3	2022年2月	14,536,407	17,216,690	平均值	8,559,879	7,173,393		
4	2022年3月	13,993,052	15,398,819	波动系数	0.64	0.81		
5	2022年4月	7,600,525	6,275,232	极差	16,325,779	16,006,651		
6	2022年5月	5,797,504	2,747,017					
7	2022年6月	2,014,718	1,289,316					
8	2022年7月	1,878,803	1,210,039					
9	2022年8月	3,311,512	2,311,820					
10	2022年9月	4,194,493	2,880,828					
11	2022年10月	6,354,146	3,910,115					
12	2022年11月	9,073,108	6,151,803					
13	2022年12月	15,759,702	10,410,295					
14								
15								
16								

图3-45　行业稳定性

课后习题

1. 选择题

（1）为了更好地显示市场容量和市场变化趋势，可以使用的图表分别是（　　）。

　　A. 散点图、柱形图　　　　　　　B. 饼图、散点图

　　C. 散点图、折线图　　　　　　　D. 饼图、折线图

（2）下列选项中，符合典型的蓝海市场特征的是（　　）。

　　A. 蛋糕指数大，市场容量小

　　B. 蛋糕指数大，市场容量大

　　C. 蛋糕指数小，市场容量大

　　D. 蛋糕指数小，市场容量小

（3）适合用于分析市场潜力的图表类型是（　　）。

　　A. 柱形图　　　B. 折线图　　　C. 饼图　　　D. 雷达图

（4）行业集中度的倒数可以体现（　　）。

　　A. 该行业的市场在指定时期被多少家企业瓜分

　　B. 该行业在指定时期的稳定性

　　C. 该行业在未来一定时期的发展前景

　　D. 该行业在指定时期的变化趋势

（5）波动系数的计算公式为（　　）。

A．标准差 – 平均值　　　　　　　B．最大值 – 最小值

C．标准差 / 平均值　　　　　　　D．最大值 / 最小值

（6）利用波士顿矩阵分析数据时，市场机会大但需要注意改善问题所对应的商品是（　　）。

A．现金牛商品　　　　　　　　　B．畅销商品

C．问题商品　　　　　　　　　　D．瘦狗商品

2．判断题

（1）市场和行业数据分析的主要内容是市场销售数据。　　　　　　　（　　）

（2）在"数据透视表字段"任务窗格中若要删除"行"列表框中的某个字段，可以选择该字段，然后按【Delete】键删除。　　　　　　　　　　　　（　　）

（3）分析市场数据时，采集到时间跨度越长的数据，效果越好。　　　（　　）

（4）市场更侧重观察客户和需求，行业更侧重观察商品和企业。　　　（　　）

3．操作题

（1）某女装专卖店需要分析女装套装的市场潜力，先采集相关数据并整理成 Excel 文件（配套资源：\ 素材文件 \ 项目三 \ 课后习题 \ 市场潜力 .xlsx），然后利用这些数据分析该市场下各子类目的潜力，参考效果如图 3-46 所示（配套资源：\ 效果文件 \ 项目三 \ 课后习题 \ 市场潜力 .xlsx）。

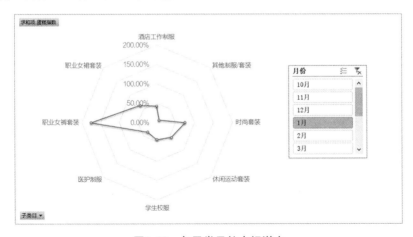

图3-46　各子类目的市场潜力

（2）某女装专卖店采集了女装行业中各子类目 2022 年 11 月和 12 月的交易指数（配套资源：\ 素材文件 \ 项目三 \ 课后习题 \ 行业前景 .xlsx），现需要利用这些数据计算各子类目的市场占比和环比增幅情况，然后借助波士顿矩阵分析各子类目在

这段时期的行业前景，参考效果如图 3-47 所示（配套资源：\效果文件\项目三\课后习题\行业前景 .xlsx）。

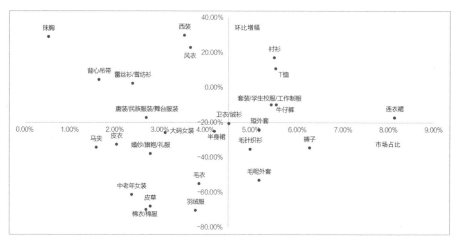

图3-47　行业前景

拓展阅读

市场变化趋势分析

对于有明显季节性或淡旺季影响的市场，其全年的变化趋势可以进一步细分，以便针对不同的阶段制定出对应的运营策略。图 3-48 所示为男装毛衣市场 2022 年全年的交易指数趋势，根据走势的增长和下降，可以将整个趋势细分为入市期、增长期、爆发期、衰退期和退市期这几个阶段。通过这样的划分，企业可以更好地依据市场变化趋势来对比自身处在哪个阶段，从而采取相应的措施和手段来应对这一阶段的市场环境。

（1）入市期。这个阶段市场的交易指数有所上升，趋势由降转升，企业应该注重商品的选择和上新操作，提高商品的基础销量和增加商品的正面评价，争取在这个阶段得到市场的认可，抢占有力的竞争位置。

（2）增长期。这个阶段市场需求开始快速增长，销量也随之节节攀升，竞争环境相对良好，企业需要确保商品质量和货源，可以尝试寻找热门商品，为爆发期做好准备。

（3）爆发期。这个阶段市场需求达到顶峰，竞争环境也最为激烈，如果在入市期和增长期没有打下良好的基础，在这个阶段很难实现较高的收益。相反，如果在入市期和增长期打下良好的基础，在这个阶段就可能实现高销量、高盈利，许多企业通常会在这个阶段利用热门商品带动其他商品，实现较高的收益。

（4）衰退期。这个阶段市场需求开始由升转降，竞争环境异常激烈，企业需要积极做好清仓工作，避免衰退期过后的库存积压。

（5）退市期。这个阶段市场需求极低甚至没有需求，如果在衰退期没有做好清仓工作，在这个阶段要想实现清仓就非常困难。为了不影响来年的销售，企业可以尽可能地低价销售完成清仓。

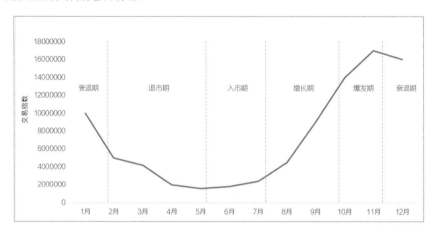

图3-48　男装毛衣市场2022年全年的交易指数趋势

项目四

竞争对手数据分析

【知识目标】

◎ 了解竞争对手的界定。

◎ 明白分析竞争对手数据的意义。

◎ 掌握竞争品牌数据、竞争店铺数据、竞争商品数据的分析方法。

【技能目标】

◎ 能够通过品牌潜力和品牌交易数据分析竞争品牌的情况。

◎ 能够通过整体销售数据和商品销售数据分析竞争店铺的情况。

◎ 能够通过销售数据和客户流失数据分析竞争商品的情况。

【素养目标】

◎ 培养正确认识和选择竞争对手的能力。

◎ 培养正当竞争的意识，树立自主维护社会主义市场经济健康发展的志向。

小米发现企业的主要竞争对手最近推出了一系列新的商品，且反响不错，对本企业造成了一定的威胁，如果能够了解竞争对手各方面的运营数据，企业就能更好地调整营销策略。小米将情况反映给老张，老张考虑后决定开始分析该竞争对手的数据，包括竞争品牌、竞争店铺、竞争商品等数据，并要求小米参与其中。

任务一 初识竞争对手

小米很纳闷，那么多竞争对手，为什么仅选择几家企业作为主要竞争对手呢？了解小米的疑虑后，老张决定先给她讲一讲有关竞争对手的知识。

一、竞争对手的界定

竞争对手是指限制和影响本企业竞争优势发挥的其他企业，即与本企业有共同目标的、市场上与本企业有利益冲突且构成一定威胁的其他企业。注意，不能简单地把销售同一商品的企业定性为竞争对手。例如，重庆某个街边的火锅店与成都某个街边的火锅店就构不成竞争关系，而重庆的这个火锅店与隔壁的涮肉馆能构成竞争关系。

1. 竞争对手的分类

竞争对手之间的竞争性主要体现在对市场资源的抢夺上，市场资源主要是指市场份额、订单、客户、同行业商誉等经营要素，同时，企业的其他竞争性资源也会成为竞争对手的竞争对象，如人力资源、优惠政策、上市名额、专营许可、荣誉称号、资质认定等。因此，与本企业处于完全不同专业领域的企业都可能成为竞争对手。为了更好地区分和界定竞争对手，应该对竞争对手进行分类。

从竞争的时间属性来看，企业的竞争对手大致分为3类：与企业竞争共同市场的长期固定竞争对手、在经营活动中与企业有局部竞争的局部竞争对手、就某一事件与企业有竞争的暂时性竞争对手。

2. 竞争对手的识别

竞争对手的识别需要遵循一定的原则，这个原则与市场的类型有密切的关系。一般来说，市场可根据竞争的完全性分为完全竞争市场、垄断竞争市场、寡头市场与垄断市场4种类型。

（1）完全竞争市场：指有许多交易相同商品或服务的企业和客户，以至于每一个企业和客户都是价格接受者的市场。

（2）垄断竞争市场：指有许多出售相似而不完全相同商品或服务的企业的市场。

（3）寡头市场：指只有几个提供相似或相同商品或服务的企业的市场。

（4）垄断市场：指只有一个提供商品或服务的企业的市场。

一般情况下，在现实经济中，企业所处的主要是不完全竞争市场，即企业往往处在垄断竞争市场和寡头市场。因此，企业的竞争对手主要是不完全竞争市场中的竞争对手。基于此，可以按照以下4个基本原则来识别竞争对手。

（1）提供相同或类似的商品或服务。

（2）具有共同的或基本重合的市场范围。

（3）具有基本相同的客户定位，客户可以完全或部分互换。

（4）在具体、特定的时间内共同争夺具有排他性或强烈竞争性的市场资源。

3. 主要竞争对手的界定

企业的主要竞争对手可以概括为3种：第一种是与自己实力相当的，第二种是实力比自己强的，第三种是实力比自己弱的。如果一个企业被界定为企业的主要竞争对手，那么它必定具有以下一种或几种特征。

（1）市场份额接近，或近期有潜力接近和超越本企业。

（2）技术实力相近，创新能力强，商品性能或服务质量与本企业相近。

（3）企业规模与本企业相近。

（4）对本企业的市场份额构成现实的和未来的挑战和威胁。

（5）可能使本企业的客户发生重大转移。

（6）与本企业有稀缺资源的激烈争夺。

（7）规模、市场份额都与本企业相差甚远但近期有可能通过技术创新、商品改进等手段使本企业的市场地位发生改变。

（8）本企业发展战略锁定的竞争对手。

二、分析竞争对手数据的意义

分析竞争对手数据能使企业的生产经营更加顺畅，更好地迎合市场和客户，使企业能在长期竞争中处于有利地位。具体而言，分析竞争对手数据的意义体现在以下两个方面。

（1）弥补不足。竞争是客观存在的，是经济发展的客观规律。竞争能为企业发展提供动力与活力。企业为了生存和发展，并在竞争中处于有利地位，需要了解竞争对手，分析竞争对手各方面的数据，在与竞争对手的对比中更加深刻和全面地认识自己，从而制定出适合本企业的竞争战略。

（2）提高竞争力。竞争对手可以是企业最好的老师，为企业提供经验教训和参照标准，并促使企业不断接触先进的管理方法。通过分析竞争对手数据，可以使企业不断地进行技术创新、控制商品成本和提高商品质量，或增加商品品种及款式，以提升企业的竞争优势。

任务二 分析竞争品牌数据

小米在了解竞争对手的基础知识后，接下来需要对主要竞争对手旗下的品牌进行分析。一方面，找出其中有潜力的品牌以供企业决策层参考，就是否调整本企业品牌做出决策；另一方面，通过品牌交易数据的对比来了解企业现有品牌的情况。

一、分析品牌潜力

在指定时期内，分析各竞争品牌的交易指数和交易增长幅度，可以找出这段时期内最具潜力的竞争品牌，即高增长、高销量的竞争品牌，如图 4-1 所示。

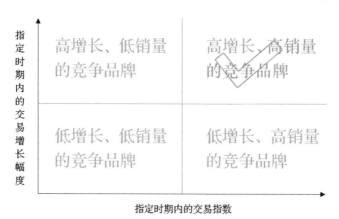

图4-1　品牌潜力分布图

下面通过在生意参谋平台中采集到的部分销售男装套装的竞争品牌近两个月的交易指数（在"竞争"页面添加需要监控的品牌，然后采集指定时期的交易指数），分析各竞争品牌的潜力情况，具体操作如下。

微课视频

品牌潜力分析

（1）打开"品牌潜力 .xlsx"文件（配套资源：\ 素材文件 \ 项目四 \ 品牌潜力 .xlsx），在 D1 单元格中输入"交易增长幅度"，选择 D2:D23 单元格区域，在编辑栏中输入"=(C2-B2)/B2"，按【Ctrl+Enter】组合键计算各竞争品牌的交易增长幅度，结果如图 4-2 所示。

（2）选择 C1:D23 单元格区域，在【插入】/【图表】组中单击"插入散点图 (X、Y) 或气泡图"下拉按钮，在打开的下拉列表中选择"散点图"选项，然后为图表应用"布局 4"布局样式，删除图例，将字体格式设置为"方正兰亭纤黑简体，10 号"，适当调整图表大小，效果如图 4-3 所示。

（3）双击纵坐标轴，在打开的"设置坐标轴格式"任务窗格中选中"坐标轴值"单选项，在右侧的文本框中输入"1"，然后选择横坐标轴，同样选中"坐标轴值"单选项，在右侧的文本框中输入"300000.0"，如图 4-4 所示。

D2 =(C2-B2)/B2

品牌	11月交易指数	12月交易指数	交易增长幅度
南极人Nanjiren	435535.0	378418.0	-13.11%
罗蒙ROMON	133743.0	307811.0	130.15%
海澜之家HLA	390573.0	183963.0	-52.90%
啄木鸟TUCANO	114311.0	255657.0	123.65%
森马Semir	293012.0	485253.0	65.61%
恒源祥hengyuan	105567.0	392225.0	271.54%
李宁LI-NING	162364.0	165697.0	2.05%
乐希源	445660.0	209733.0	-52.94%
稻草人	424517.0	205532.0	-51.58%
Lee Cooper	314422.0	407298.0	29.54%
安踏ANTA	272335.0	394506.0	44.86%
笙韵	199812.0	416077.0	108.23%
卡图弛	476280.0	228707.0	-51.98%
乔巴先生	476993.0	290294.0	-39.14%
A21	66011.0	108731.0	64.72%
爱的传奇	202116.0	217264.0	7.49%
北极绒Bejirog	251727.0	331328.0	31.62%
与狼共舞DANCIN	421386.0	354577.0	-15.85%

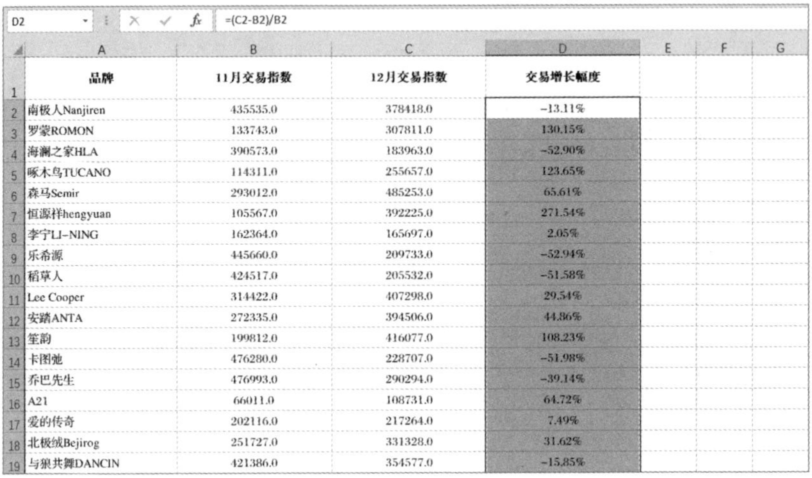

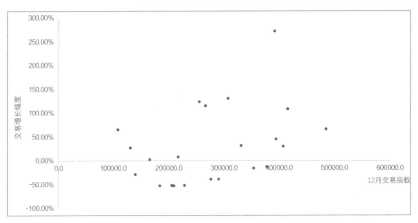

图4-2　计算交易增长幅度

图4-3　创建散点图

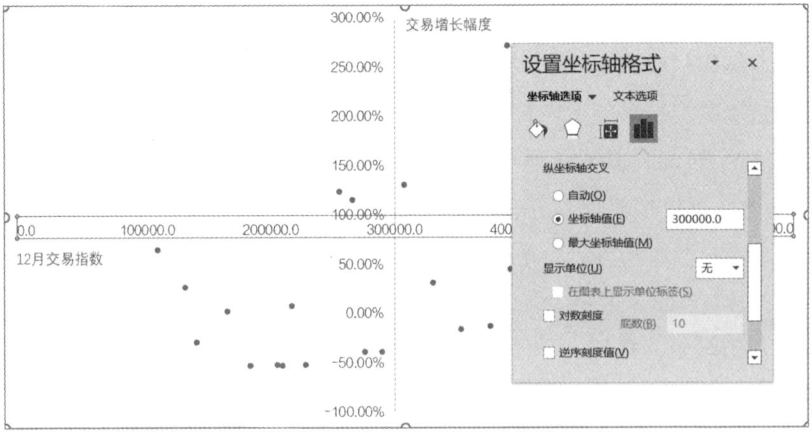

图4-4　调整坐标轴位置

（4）在【图表工具 图表设计】/【图表布局】组中单击"添加图表元素"下拉按钮，在打开的下拉列表中选择【数据标签】/【上方】选项。选择图表中添加的数据标签，在"设置数据标签格式"任务窗格的"标签包括"栏中勾选"单元格中的值"复选框，打开"数据标签区域"对话框，在其中引用 A2:A23 单元格区域作为数据标签的值，返回任务窗格，取消勾选"X 值"复选框和"Y 值"复选框，然后勾选"显示引导线"复选框，如图 4-5 所示。

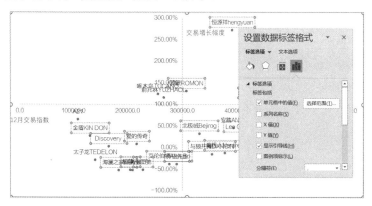

图4-5　添加并设置数据标签

（5）单独选择各个数据标签，调整其位置，使数据能够更好地显示出来，效果如图 4-6 所示（配套资源：\效果文件\项目四\品牌潜力 .xlsx）。由图 4-6 可知，该时期有 3 个竞争品牌有较大的潜力，企业可以进一步重点关注它们在该时期的相关数据。

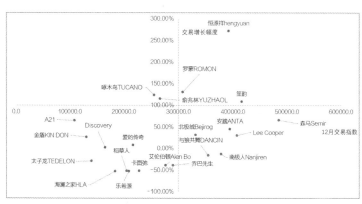

图4-6　参考效果

二、品牌交易对比分析

通过品牌交易对比分析，一方面可以发现竞争品牌在指定时期的变化趋势，另一方面可以发现竞争对手与本企业的差距。可以在生意参谋平台的"竞争"页面中采集竞争品牌在指定时期的交易指数，然后与本企业在相同时期的交易指数进行对比分析，具体操作如下。

微课视频

品牌交易对比分析

（1）打开"品牌交易对比.xlsx"文件（配套资源：\素材文件\项目四\品牌交易对比.xlsx），在【插入】/【表格】组中单击"数据透视表"按钮，在打开的"来自表格或区域的数据透视表"对话框中，以 A1:C32 单元格区域为数据源，默认选中"新工作表"单选项，单击 确定 按钮，如图4-7所示。

图4-7　创建数据透视表

（2）将"月份"字段添加到"行"列表框中，将"竞争品牌（交易指数）"字段添加到"值"列表框中，如图4-8所示。

图4-8　添加数据透视表字段

（3）选择数据透视表中的任意数据，在【数据透视表工具 数据透视表分析】/【工具】组中单击"数据透视图"按钮，在打开的"插入图表"对话框中选择左侧的"折线图"选项，然后选择第 1 种折线对应的选项，单击 确定 按钮插入图表。为图表应用"布局 4"布局样式，删除图例，将字体格式设置为"方正兰亭纤黑简体，10 号"，适当调整图表大小，效果如图 4-9 所示。由图 4-9 可知，该竞争品牌在 12 月的交易指数持续走高，从月初到月末整体提升了将近 3 倍，可以预见未来一段时间的潜力应该是非常大的。

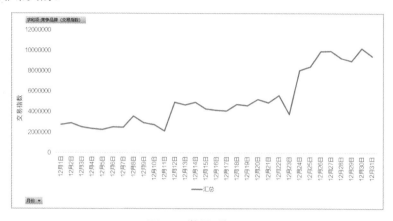

图4-9　数据透视图

（4）在"数据透视图字段"任务窗格中将"我的品牌（交易指数）"字段添加到"值"列表框中，然后在数据透视图中选择"我的品牌（交易指数）"对应的折线，在【数据透视图工具 格式】/【形状样式】组中单击 形状轮廓 下拉按钮，在打开的下拉列表中选择【虚线】/【圆点】选项，效果如图 4-10 所示（配套资源：\效果文件\项目四\品牌交易对比 .xlsx）。由图 4-10 可知，本品牌在 12 月的交易指数整体变化较为稳定，但与竞争品牌相比，差距逐步拉大。企业可以关注该品牌在营销等方面的策略，从中汲取一些有价值的内容，以改善本品牌。

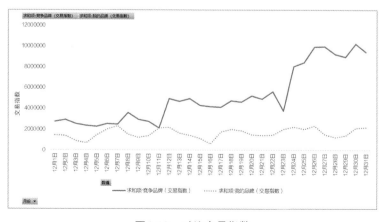

图4-10　对比交易指数

任务三 分析竞争店铺数据

小米获取到一家竞争店铺的销售数据，但她不知道应该从哪些角度切入分析。老张告诉她，可以从竞争店铺的整体销售情况和商品销售情况入手，从而发现竞争对手在销售方面和商品结构方面的特点，帮助企业更好地调整销售策略。

一、分析竞争店铺的整体销售情况

分析竞争店铺的整体销售情况时，一方面可以根据基础的数据指标分析其整体销售水平，如销售额、销售品种数、销量等；另一方面可以借助动销率和售罄率来更深入地分析其销售质量。

（1）动销率：指店铺有销量的商品的品种数与店铺所经营的商品品种总数的比例，该指标可以反映进货品种的有效性。动销率越高，有效的进货品种越多；动销率越低，无效的进货品种越多。企业可以根据动销率及时调整进货品种。

（2）售罄率：指统计时间内，某商品的销售数量占进货数量的百分比，该指标可以衡量商品的销售速度，显示商品在市场上受欢迎的程度。售罄率与进货数量有很大的关系，在相同进货量的情况下，售罄率越高，商品的销售情况越好；售罄率越低，商品的销售情况越差。

> 🎓 **小提示**
>
> 售罄率还能在一定程度上反映出销售利润。一般情况下，如果售罄率小于65%，则表示该商品处于库存大量积压的状态，如果销售情况无较大改观，后期打折销售则可能导致亏损；如果售罄率大于85%，则表示商品有可能出现脱销的情况，说明商品进货量不够，销售利润没有实现最大化。

下面以在店侦探平台中采集到的竞争店铺近7个月的销售数据为例，介绍分析竞争店铺整体销售情况的方法，具体操作如下。

（1）打开"竞争店铺整体销售情况 .xlsx"文件（配套资源:\素材文件\项目四\竞争店铺整体销售情况 .xlsx），在 G1 单元格中输入"动销率"，选择 G2:G8 单元格区域，在编辑栏中输入"=C2/D2"，按【Ctrl+Enter】组合键计算各月的动销率，结果如图 4-11 所示。

微课视频

竞争店铺的整体
销售情况分析

G2　=C2/D2

月份	销售额/元	销售品种数/种	品种总数/种	销量/件	进货量/件	动销率
5月	264647.4	221	411	477	1142	53.77%
6月	286186.4	210	440	504	1384	47.73%
7月	273350.4	196	441	411	1405	44.44%
8月	663701.4	310	427	934	1465	72.60%
9月	610338.6	297	452	941	1495	65.71%
10月	723704	291	473	925	1120	61.52%
11月	1207066.4	364	482	1888	4102	75.52%

图4-11　计算动销率

（2）在 H1 单元格中输入“售罄率”，选择 H2:H8 单元格区域，在编辑栏中输入“=E2/F2”，按【Ctrl+Enter】组合键计算各月的售罄率，结果如图 4-12 所示。

H2　=E2/F2

月份	销售额/元	销售品种数/种	品种总数/种	销量/件	进货量/件	动销率	售罄率
5月	264647.4	221	411	477	1142	53.77%	41.77%
6月	286186.4	210	440	504	1384	47.73%	36.42%
7月	273350.4	196	441	411	1405	44.44%	29.25%
8月	663701.4	310	427	934	1465	72.60%	63.75%
9月	610338.6	297	452	941	1495	65.71%	62.94%
10月	723704	291	473	925	1120	61.52%	82.59%
11月	1207066.4	364	482	1888	4102	75.52%	46.03%

图4-12　计算售罄率

（3）以表格中的数据为数据源创建数据透视表，将“月份”字段和“销售额 / 元”字段分别添加到“行”列表框和“值”列表框中，通过拖曳行数据的方式调整月份数据的显示顺序（从小到大）。在数据透视表的基础上创建数据透视图，类型为柱形图，为图表应用“布局 4”布局样式，删除图例，将字体格式设置为“方正兰亭纤黑简体，10 号”，适当调整图表大小，效果如图 4-13 所示。

（4）在图表的数据系列上单击鼠标右键，在弹出的快捷菜单中选择“添加趋势线”命令，打开“设置趋势线格式”任务窗格，选中“指数”单选项，选择添加的趋势线，将其格式设置为“橙色，实线”，效果如图 4-14 所示。由图 4-14 可知，该竞争店铺 5 ～ 7 月的销售额较为平稳，8 ～ 11 月的销售额上升明显。整体而言，该店铺最近 7 个月的销售额呈持续上升趋势。

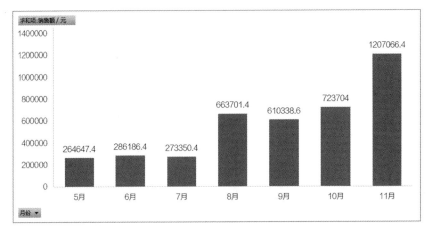

图4-13　数据透视图

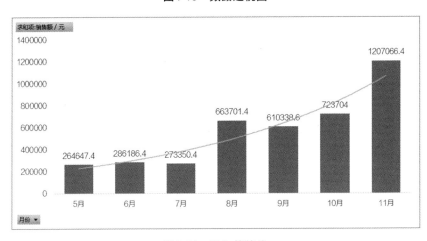

图4-14　添加趋势线

🎓 **小提示** --

　　Excel 提供了多种趋势线格式，使用时可根据实际情况选择。其中，指数趋势线的特点是增长或下降速度持续增加，且幅度越来越大；线性趋势线的特点是增长或下降的变化量较为稳定；对数趋势线的特点是初期增长或下降较快，后期趋于平稳。

　　（5）将"值"列表框中的字段删除，重新在其中添加"销售品种数/种"字段和"销量/件"字段，效果如图4-15所示。

　　（6）在【数据透视表工具 设计】/【类型】组中单击"更改图表类型"按钮📊，在打开的"更改图表类型"对话框中选择左侧的"组合图"选项，将销售品种数对应的图表类型设置为"折线图"，并勾选右侧的"次坐标轴"复选框，将销量对应的图表类型设置为"簇状柱形图"，单击 确定 按钮，如图4-16所示。

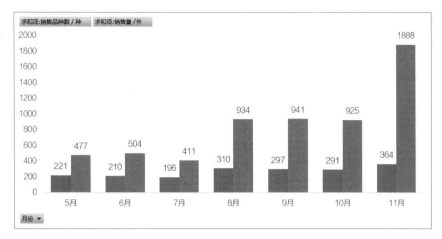

图4-15　调整字段

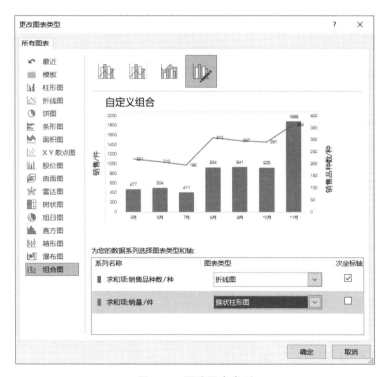

图4-16　更改图表类型

（7）为折线图添加数据标签，将其字体格式设置为"红色，加粗"，在底部添加图例对象，效果如图4-17所示。由图4-17可知，销售品种数和销量基本都呈上升趋势。

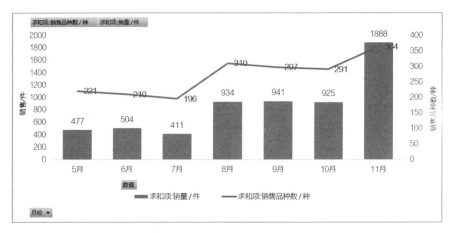

图4-17 设置数据标签

（8）将"值"列表框中的字段删除，重新在其中添加"动销率"字段，然后删除图例并添加数据标签，将数据标签的数据类型设置为"百分比，1位小数"，效果如图4-18所示。由图4-18可知，该店铺近7个月的动销率从最初的53.8%增加到75.5%，说明店铺中有销量的商品品种数在增加，有效的进货品种数越来越多。

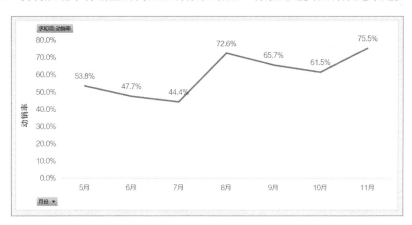

图4-18 动销率

（9）将"值"列表框中的字段删除，重新在其中添加"售罄率"字段，然后将数据标签的数据类型设置为"百分比，1位小数"，效果如图4-19所示（配套资源：\效果文件\项目四\竞争店铺整体销售情况.xlsx）。由图4-19可知，该店铺近7个月的售罄率波动较大，除10月的售罄率高于80%以外，其他各月的售罄率都较低，这说明店铺的进货量较大，但考虑到店铺的整体销售趋势不断上升，以及有越来越多种类的商品被市场认可，这种大进货量的策略可能在未来一段时间会快速提升店铺的销售业绩。

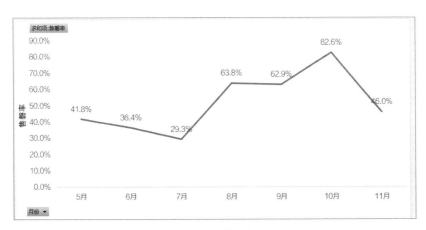

图4-19　售罄率

素养提升

竞争是经济市场中的正常现象，良性竞争不仅能够带动社会经济的发展，同时使客户受益。我们应当正确看待竞争关系，积极学习竞争对手的优点，通过发现和寻找竞争对手身上的优点来改进本企业的不足之处。如果通过价格打压或其他不正当手段来获取市场份额，不仅会扰乱市场，也会使本企业遭受损失。

二、分析竞争店铺商品结构

分析竞争店铺商品结构不仅可以发现竞争店铺有哪些热销商品，还可以了解其商品结构等。下面以在店侦探平台中采集到的竞争店铺近7日的商品销售数据为例，介绍分析竞争店铺商品结构的方法，具体操作如下。

微课视频

竞争店铺商品结构分析

（1）打开"竞争店铺商品销售.xlsx"文件（配套资源：\素材文件\项目四\竞争店铺商品销售.xlsx），在G1单元格中输入"销售额（元）"，选择G2:G81单元格区域，在编辑栏中输入"=E2*F2"，按【Ctrl+Enter】组合键计算各商品近7日的销售额，结果如图4-20所示。

（2）以表格中的数据为数据源创建数据透视表，将"二级类目"字段添加到"行"列表框中，将"商品标题""销售额/元"字段添加到"值"列表框中，然后在数据透视表的"销售额/元"项目下的任意包含数据的单元格上单击鼠标右键，在弹出的快捷菜单中选择【排序】/【升序】命令，如图4-21所示。由图4-21可

项目四

知，羽绒服、休闲裤、卫衣等商品的数量较多，销售额较大，创造了超过 50% 的销售额。

图4-20　计算销售额

图4-21　升序排列

（3）将"商品标题"字段从"值"列表框中删除，在数据透视表的基础上创建数据透视图，类型为条形图，为图表应用"布局 4"布局样式，删除图例，将字体格式设置为"方正兰亭纤黑简体，10 号"，适当调整图表大小，效果如图 4-22 所示。由图 4-22 可知，从销售额的角度来看，该店铺销售额最高的商品种类是羽绒服，另外休闲裤、卫衣、毛衣/针织衫等种类的销售额也超过了 20000 元。

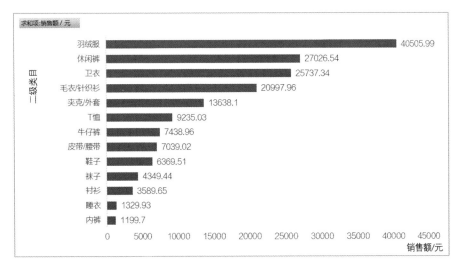

图4-22　销售额情况

（4）将"销售额／元"字段从"值"列表框中删除，重新添加"商品标题"字段，将数据透视图类型修改为"饼图"类型下的圆环图，然后在数据系列上单击鼠标右键，在弹出的快捷菜单中选择【排序】/【降序】命令，如图 4-23 所示。

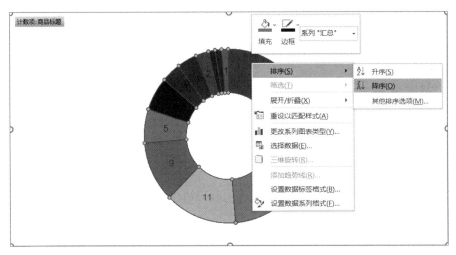

图4-23　更改图表类别并降序排列

（5）设置数据标签的格式为"类别名称、值、百分比、显示引导线，含 1 位小数的百分比数据"，然后移动每个数据标签，使图表中的内容更好地显示出来，效果如图 4-24 所示（配套资源:\效果文件\项目四\竞争店铺商品销售 .xlsx）。由图 4-24 可知，在这一时期，该店铺销售额占比较多的商品品种有羽绒服、休闲裤、卫衣、夹克／外套、毛衣／针织衫等。

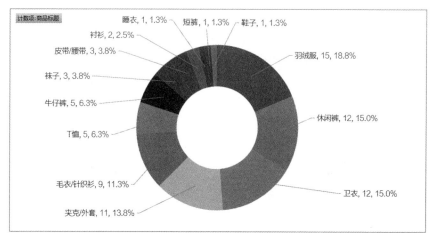

图4-24 分析商品结构

任务四 分析竞争商品数据

小米偶然发现竞争对手某商品的定位与本企业的商品定位非常相似，无论是外观、品质还是客户群体，都极为相似，与企业商品存在直接竞争关系。于是小米决定对该竞争商品的数据进行分析，希望能找出一些有价值的信息。

一、分析竞争商品销售数据

竞争商品的销售数据不仅能反映该商品的销量和销售额，如果能够采集到日期数据，还能获取到该商品一周的销售分布情况，从而为本企业的新品发布或商品推广提供参考，避开竞争商品的销售火爆时期。下面以某竞争商品近一个月的销售额数据为例，介绍分析竞争商品销售数据的方法，具体操作如下。

微课视频

竞争商品销售
数据分析

（1）打开"竞争商品销售数据.xlsx"文件（配套资源：\素材文件\项目四\竞争商品销售数据.xlsx），在D1单元格中输入"星期"，选择D2:D31单元格区域，在编辑栏中输入"=TEXT(A2,"AAAA")"，按【Ctrl+Enter】组合键返回各日期对应的星期数据，结果如图4-25所示。

（2）以表格中的数据为数据源创建数据透视表，将"日期"字段添加到"行"列表框中，将"销量/件""销售额/元"字段添加到"值"列表框中，如图4-26所示。由图4-26可知，该商品在近一个月的总销量为88件，总销售额为7919.12元。

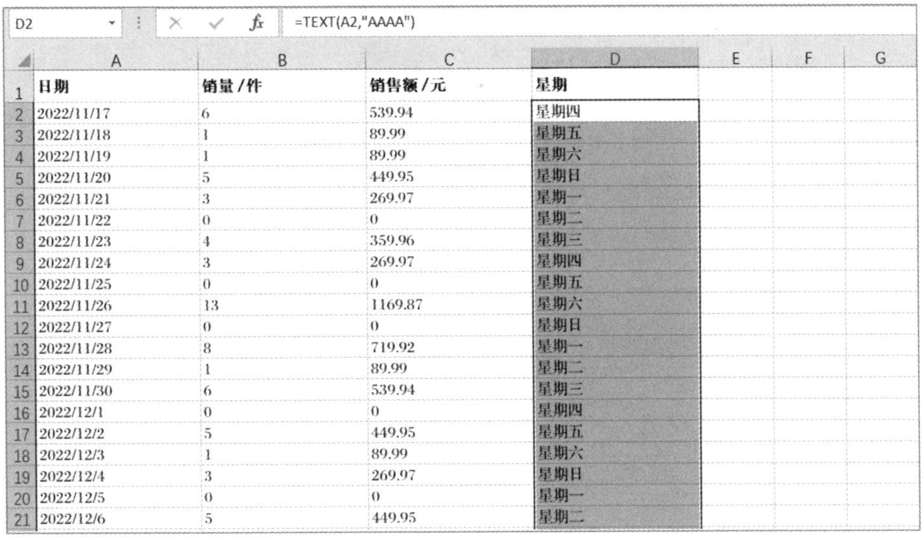

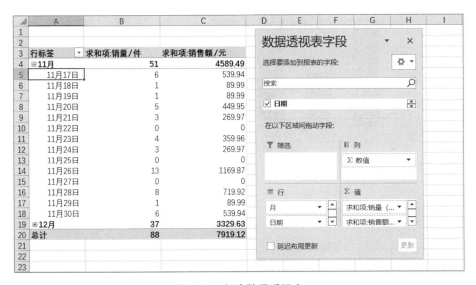

D2 =TEXT(A2,"AAAA")

	A	B	C	D
1	日期	销量/件	销售额/元	星期
2	2022/11/17	6	539.94	星期四
3	2022/11/18	1	89.99	星期五
4	2022/11/19	1	89.99	星期六
5	2022/11/20	5	449.95	星期日
6	2022/11/21	3	269.97	星期一
7	2022/11/22	0	0	星期二
8	2022/11/23	4	359.96	星期三
9	2022/11/24	3	269.97	星期四
10	2022/11/25	0	0	星期五
11	2022/11/26	13	1169.87	星期六
12	2022/11/27	0	0	星期日
13	2022/11/28	8	719.92	星期一
14	2022/11/29	1	89.99	星期二
15	2022/11/30	6	539.94	星期三
16	2022/12/1	0	0	星期四
17	2022/12/2	5	449.95	星期五
18	2022/12/3	1	89.99	星期六
19	2022/12/4	3	269.97	星期日
20	2022/12/5	0	0	星期一
21	2022/12/6	5	449.95	星期二

图4-25 返回星期数据

	A	B	C
3	行标签	求和项:销量/件	求和项:销售额/元
4	⊟11月	51	4589.49
5	11月17日	6	539.94
6	11月18日	1	89.99
7	11月19日	1	89.99
8	11月20日	5	449.95
9	11月21日	3	269.97
10	11月22日	0	0
11	11月23日	4	359.96
12	11月24日	3	269.97
13	11月25日	0	0
14	11月26日	13	1169.87
15	11月27日	0	0
16	11月28日	8	719.92
17	11月29日	1	89.99
18	11月30日	6	539.94
19	⊞12月	37	3329.63
20	总计	88	7919.12

图4-26 创建数据透视表

（3）将“行”列表框和“值”列表框中的字段分别调整为“星期”和“销售额/元”，然后将“星期日”所在行的数据移至“总计”行的上方，如图4-27所示。

（4）在数据透视表的基础上创建数据透视图，类型为柱形图，为图表应用“布局4”布局样式，删除图例，将字体格式设置为“方正兰亭纤黑简体，10号”，适当调整图表大小，效果如图4-28所示。由图4-28可知，该竞争商品在星期二和星期五为销售低峰期，其他时间的销售额都相对较高。

图4-27　调整数据透视表中的字段

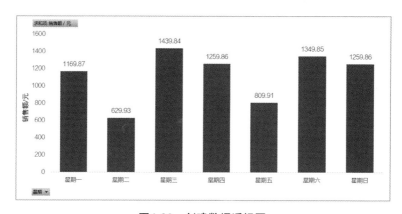

图4-28　创建数据透视图

二、分析竞争商品客户流失

所谓竞争商品客户流失，指的是购买过本企业的商品，但后来不再购买本企业商品，并在其他企业购买商品的客户。分析客户流失数据，可以找到特定时期内主要的竞争商品，从而帮助企业改善商品结构或营销方法。

假设企业某商品有168位客户购买过，近7天内，这些客户中有一部分不再在本企业购买商品，转而购买竞争商品，下面分析该商品近7天的客户流失情况，具体操作如下。

（1）打开"竞争商品客户流失.xlsx"文件（配套资源：\素材文件\项目四\竞争商品客户流失.xlsx），在E列前插入一列，然后在插入后的E1单元格中输入"流失率"，选择E2:E9单元格区域，

微课视频

竞争商品客户
流失分析

在编辑栏中输入“=C2/D2”，按【Ctrl+Enter】组合键计算流失率，结果如图 4-29 所示。

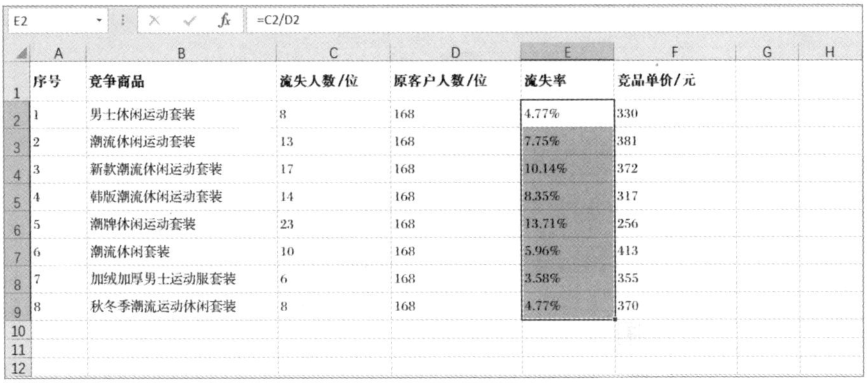

E2　=C2/D2

序号	竞争商品	流失人数/位	原客户人数/位	流失率	竞品单价/元
1	男士休闲运动套装	8	168	4.77%	330
2	潮流休闲运动套装	13	168	7.75%	381
3	新款潮流休闲运动套装	17	168	10.14%	372
4	韩版潮流休闲运动套装	14	168	8.35%	317
5	潮牌休闲运动套装	23	168	13.71%	256
6	潮流休闲套装	10	168	5.96%	413
7	加绒加厚男士运动服套装	6	168	3.58%	355
8	秋冬季潮流运动休闲套装	8	168	4.77%	370

图4-29　计算流失率

（2）在 G1 单元格中输入“流失金额 / 元”，选择 G2:G9 单元格区域，在编辑栏中输入“=C2*F2”，按【Ctrl+Enter】组合键计算流失金额，结果如图 4-30 所示。由图 4-30 可知，这几个竞争商品都有流失的客户，流失率为 3.58% ～ 13.71%，流失金额为 2132.91 元～ 6330.34 元。

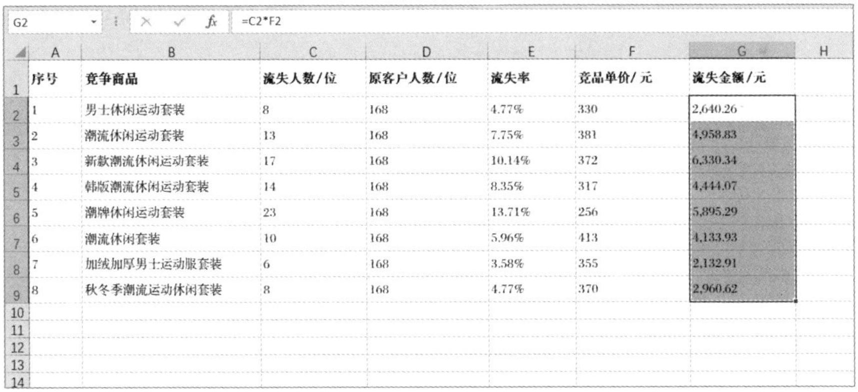

G2　=C2*F2

序号	竞争商品	流失人数/位	原客户人数/位	流失率	竞品单价/元	流失金额/元
1	男士休闲运动套装	8	168	4.77%	330	2,640.26
2	潮流休闲运动套装	13	168	7.75%	381	4,958.83
3	新款潮流休闲运动套装	17	168	10.14%	372	6,330.34
4	韩版潮流休闲运动套装	14	168	8.35%	317	4,444.07
5	潮牌休闲运动套装	23	168	13.71%	256	5,895.29
6	潮流休闲套装	10	168	5.96%	413	4,133.93
7	加绒加厚男士运动服套装	6	168	3.58%	355	2,132.91
8	秋冬季潮流运动休闲套装	8	168	4.77%	370	2,960.62

图4-30　计算流失金额

（3）选择 A1 单元格，在【插入】/【图表】组中单击“数据透视图”按钮，将“竞争商品”字段添加到“轴（类别）”列表框中，将“流失率”字段添加到“值”列表框中，将图表类型设置为条形图，为图表应用“布局 4”布局样式，删除图例，将字体格式设置为“方正兰亭纤黑简体，10 号”，适当调整图表大小，效果如图 4-31 所示。由图 4-31 可知，新款潮流休闲运动套装和潮牌休闲运动套装这两个商品的流失率最高，后期应重点关注这两个商品的销售数据和营销方法。

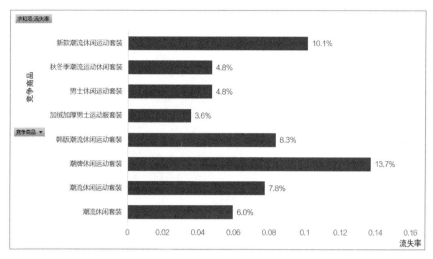

图4-31　分析流失率

（4）将"流失率"字段从"值"列表框中删除，在其中重新添加"流失金额/元"字段，效果如图4-32所示（配套资源：\效果文件\项目四\竞争商品客户流失.xlsx）。由图4-32可知，同样是新款潮流休闲运动套装和潮牌休闲运动套装这两个商品的流失金额最高。

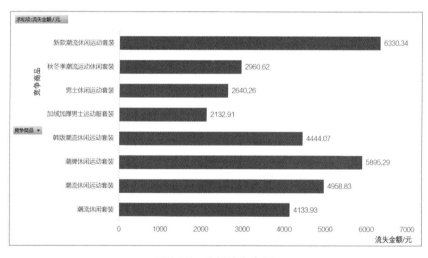

图4-32　分析流失金额

任务实训

小米通过店侦探平台和生意参谋平台采集了一些竞争对手的数据，现在需要利用这些数据独立完成对竞争店铺和竞争商品的数据分析工作，以便进一步掌握竞争对手数据分析的思路和方法。

一、分析竞争店铺销售数据

【实训背景】

小米采集到某竞争店铺所有商品的浏览量、收藏量、评价数、日销量、7 天销量和 30 天销量等相关的数据，希望能够充分利用这些数据，找出该竞争店铺的热门商品、分析商品结构等，为企业制定新的销售方案提供参考。

微课视频

竞争店铺销售
数据分析

【实训要求】

（1）通过排序、筛选等数据管理操作找到热门商品，并加以标记。

（2）以商品种类为分类方式，分析该竞争店铺的商品结构以及不同种类商品的销售情况。

【实训思路】

（1）打开"竞店数据 .xlsx"文件（配套资源：素材文件\项目四\任务实训\竞店数据 .xlsx），依次按浏览量、收藏量、评价数、日销量、7 天销量和 30 天销量为标准降序排列数据，将每个指标最高的数据加粗并描红显示，结果如图 4-33 所示。通过浏览量、收藏量和评价数可以找出该店铺最具人气的商品，通过 30 天销量可以找出店铺的热销商品，通过日销量和 7 天销量可以找出店铺在一段时间内销售最"火爆"的商品。

序号	货号	类目	浏览量/次	收藏量/次	评价数/条	日销量/件	7天销量/件	30天销量/件
30	18112613	男装棉衣/棉服	**41341**	**166564**	**18778**	1	8	17
12	18123102	男装T恤	2136	2284	678	2	8	31
11	19010601	男装毛衣	2086	5644	1651	1	2	34
2	18102218	男装休闲裤	1984	11632	2587	0	12	220
1	18112601	男装毛针织衫	1298	3998	857	6	**141**	**680**
21	18122404	男装休闲裤	845	1136	148	1	4	21
27	18111127	男装夹克	739	888	291	1	1	18
40	18122420	男装休闲裤	707	792	183	1	7	15
28	18122425	男装棉衣/棉服	671	812	207	0	0	18
45	18122421	男装棉衣/棉服	626	854	172	3	5	15
13	18121205	男装毛衣	603	6	0	0	0	30
15	18100125	男装休闲裤	585	736	247	0	8	26
25	18122416	男装牛仔裤	521	334	228	0	4	19
3	18112623	男装休闲裤	474	564	202	0	12	68
18	18121219	男装棉衣/棉服	453	680	89	0	2	24
48	19011416	男装夹克	412	478	175	0	2	14
23	18111117	男装时尚套装	390	780	90	0	6	19
5	18110527	男装毛针织衫	374	734	105	1	18	58
14	18121238	男装T恤	359	310	104	0	6	28
26	18122401	男装毛呢外套	359	424	263	0	3	19
19	18111102	男装衬衫	311	316	2	0	2	24
6	19010707	男装毛衣	277	234	50	0	8	57
35	18122402	男装衬衫	225	100	28	0	2	16

图4-33　排序数据

（2）筛选出 30 天销量大于或等于 50 的商品数据，结果如图 4-34 所示，找出该店铺近一个月销量较好的商品。

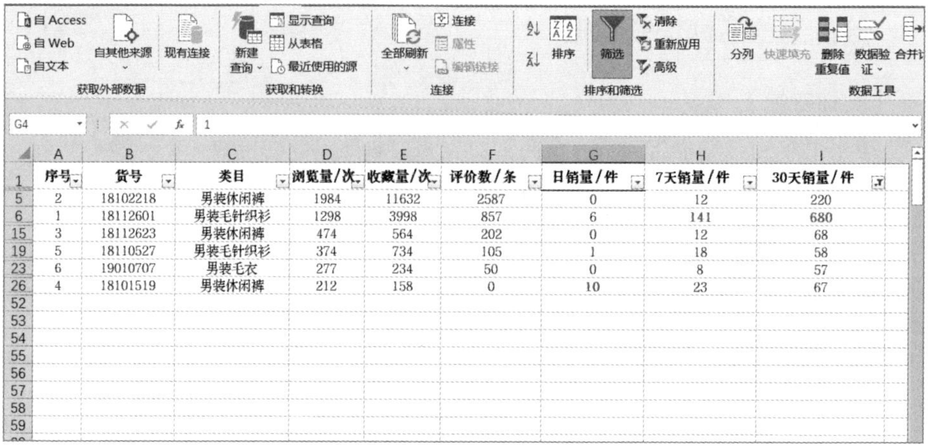

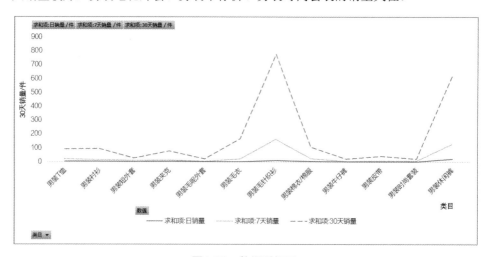

图4-34 筛选数据

（3）以所有数据为数据源创建数据透视表，将"类目"字段添加到"行"列表框中，将"日销量/件""7天销量/件""30天销量/件"字段添加到"值"列表框中，以此时的数据透视表为基础创建数据透视图，类型为折线图，适当美化图表，效果如图4-35所示。由图4-35可知，男装毛针织衫、男装休闲裤的7天销量和30天销量较好，男装毛呢外套、男装牛仔裤、男装时尚套装的销量欠佳。

图4-35 数据透视图

（4）删除"值"列表框中的"日销量""7天销量/件"字段，将图表类型设置为饼图，将数据系列按降序排列，添加数据标签，内容和格式为"类别名称、百分比、显示引导线，含1位小数的百分比数据"，调整各数据标签的位置，适当美化图表，效果如图 4-36 所示（配套资源：\ 效果文件 \ 项目四 \ 任务实训 \ 竞店数据 .xlsx）。由图 4-36 可知，男装毛针织衫、男装休闲裤的 30 天销量位于前列，最具竞争力，男装时尚套装、男装牛仔裤、男装毛呢外套的贡献最少，缺乏竞争力。

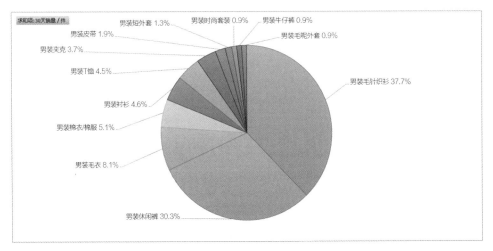

图4-36　参考效果

二、分析竞争商品销售数据

【实训背景】

小米在仔细分析某竞争店铺的销售情况后，找到了一款最具竞争力的商品，她继续采集了该商品近一个月的销量和销售额数据，对该商品近一个月的销售变化趋势以及销售分布情况进行分析。

微课视频

竞争商品销售
数据分析

【实训要求】

（1）根据日期得出星期数据，并将星期数据固定为数值。

（2）通过创建折线图分析竞争商品的销售变化趋势。

（3）通过创建数据透视图分析竞争商品的销售分布情况。

【实训思路】

（1）打开"竞品数据 .xlsx"文件（配套资源：\ 素材文件 \ 项目四 \ 任务实训 \ 竞品数据 .xlsx），利用"=TEXT(A2,"AAAA")"函数得出星期数据，然后选择所有星期数据，按【Ctrl+C】组合键复制，单击【开始】/【剪贴板】组中"粘贴"按钮下方的下拉按钮，在打开的下拉列表中单击"粘贴数值"栏中的"值"按钮，将星期数据固定为数值，结果如图 4-37 所示。

日期	销量 / 件	销售额 / 元	星期
2022/12/1	4	516	星期四
2022/12/2	9	1161	星期五
2022/12/3	5	645	星期六
2022/12/4	3	387	星期日
2022/12/5	4	516	星期一
2022/12/6	3	387	星期二
2022/12/7	5	645	星期三
2022/12/8	5	645	星期四
2022/12/9	6	774	星期五
2022/12/10	7	903	星期六
2022/12/11	10	1290	星期日
2022/12/12	8	1032	星期一
2022/12/13	5	645	星期二
2022/12/14	6	774	星期三
2022/12/15	5	645	星期四
2022/12/16	0	0	星期五
2022/12/17	7	903	星期六
2022/12/18	3	387	星期日

图4-37　得出星期数据并固定为数值

（2）为了使后面创建的折线图中的数据更加简洁，这里需要对日期数据进行调整。在 A 列前插入一列，在插入后的 A1 单元格中输入“年月”，在 A2 单元格中输入“2022 年 12 月”，将“日期”列下的数据重新填充为“1 ～ 31”的数字，结果如图 4-38 所示。如果数据显示不正确，可通过调整数据类型的方法修正。

年月	日期	销量 / 件	销售额 / 元	星期
2022年12月	1	4	516	星期四
	2	9	1161	星期五
	3	5	645	星期六
	4	3	387	星期日
	5	4	516	星期一
	6	3	387	星期二
	7	5	645	星期三
	8	5	645	星期四
	9	6	774	星期五
	10	7	903	星期六
	11	10	1290	星期日
	12	8	1032	星期一
	13	5	645	星期二
	14	6	774	星期三
	15	5	645	星期四
	16	0	0	星期五
	17	7	903	星期六
	18	3	387	星期日
	19	2	258	星期一
	20	4	516	星期二

图4-38　调整数据内容

（3）以日期和销售额为数据源创建折线图，删除图表标题、图例以及日期对应的数据系列，然后适当美化图表，效果如图 4-39 所示。由图 4-39 可知，该竞争商品每日的销售额基本处于 400 元～ 1000 元，整月只有 1 天没有销售额，有 4 天销售额超过了 1000 元。

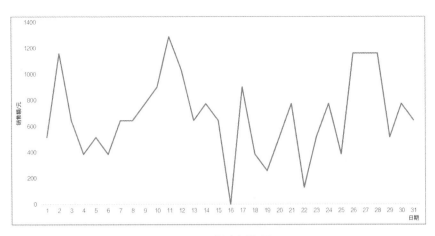

图4-39　创建折线图

（4）以所有数据为数据源创建数据透视图，将"星期"字段和"销量/件"字段分别添加到"轴（类别）"列表框和"值"列表框中，适当美化图表，效果如图4-40所示（配套资源：\效果文件\项目四\任务实训\竞品数据.xlsx）。由图4-40可知，该竞争商品在星期六的销量较高，星期四和星期日相对较低。整体来说，该竞争商品基本销量稳定。

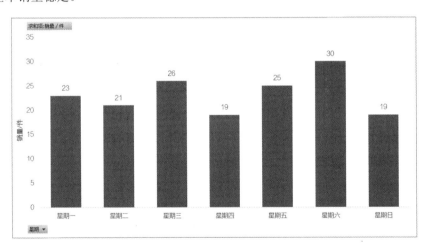

图4-40　创建数据透视图

课后习题

1. 选择题

（1）下列选项中，不属于竞争对手的是（　　　）。

    A. 销售男装套装的不同网店

    B. 造成自身网店客户流失的其他网店

    C. 销售男装棉衣的网店和销售男装羽绒服的网店

    D. 销售电视的网店和销售智能音响的网店

（2）企业的竞争对手不包括（　　　）。

    A. 始终与企业竞争的永久竞争对手

    B. 与企业竞争共同市场的长期固定竞争对手

    C. 在经营活动中与企业有局部竞争的局部竞争对手

    D. 就某一事件与企业有竞争的暂时性竞争对手

（3）只有几个提供相似或相同商品或服务的企业的市场是（　　　）。

    A. 完全竞争市场　　B. 垄断竞争市场　　C. 寡头市场　　D. 垄断市场

（4）识别竞争对手的基本原则不包括（　　　）。

    A. 提供相同或类似的商品或服务

    B. 具有共同的或基本重合的市场范围

    C. 具有基本相同的客户定位，但客户不能互换

    D. 在具体、特定的时间内共同争夺具有排他性或强烈竞争性的市场资源

2. 判断题

（1）竞争对手指的是长期与本企业争抢市场份额的其他企业。（　　　）

（2）垄断市场的竞争最为自由。（　　　）

（3）技术实力相近，创新能力强，商品性能或服务质量与本企业相近的企业是本企业的主要竞争对手。（　　　）

（4）分析竞争对手的运营数据，找到其定价的秘密，就能将自身的商品价格压低，使对手失去市场份额。（　　　）

3. 操作题

（1）某男装店铺采集了竞争店铺的相关销售数据（配套资源：\ 素材文件 \ 项目四 \ 课后习题 \ 竞店数据 .xlsx），请利用这些数据分析该竞争店铺日销量、7 天销量、30 天销量的商品结构和占比情况，参考效果如图 4-41 所示（配套资源：\ 效果文件 \ 项目四 \ 课后习题 \ 竞店数据 .xlsx）。

（2）某男装店铺集中收集了当前最主要的竞争商品近一个月的销售数据（配套资源：\素材文件\项目四\课后习题\竞品数据.xlsx），现需要利用这些数据分析该商品在这一个月的销售额分布情况，参考效果如图4-42所示（配套资源：\效果文件\项目四\课后习题\竞品数据.xlsx）。

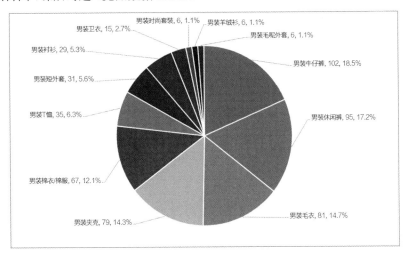

图4-41　店铺各品种商品的销量和占比

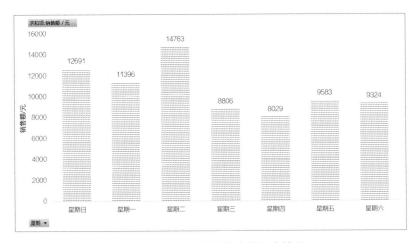

图4-42　竞争商品的销售额分布情况

拓展阅读

SWOT 分析法

SWOT 分析法主要是与竞争对手相比，找准自身的优势（Strengths）、劣势（Weaknesses）、机会（Opportunities）和威胁（Threats）。SWOT 分析法可以有效地帮助企业把资源和精力聚集到自身的强项和机会更大的方面。使用SWOT分析法时，企业应考虑以下问题。

（1）优势。我们最擅长什么？在成本、技术、定位和营运上有什么优势？是否有其他竞争对手不具备的优势？客户为什么选择我们？成功的原因是什么？

（2）劣势。我们不擅长什么？竞争对手在哪些方面做得比我们好？为什么有客户流失？最近失败的案例是什么？为什么失败？

（3）机会。如何吸引客户？如何发挥企业优势？竞争对手的短板是不是我们的机会？行业未来的发展如何？

（4）威胁。竞争对手最近的计划是什么？是否会有潜在竞争对手出现？竞争对手的优异成绩是否威胁到自身的市场占有率？

SWOT分析的四要素中，优势与劣势属于内部因素，机会与威胁则是外部因素，将这四要素进行组合即可建立SWOT分析模型，如图4-43所示。根据不同的组合可以分别采用杠杆效应、抑制性、脆弱性和问题性4个概念进行分析。

（1）杠杆效应（优势+机会）。杠杆效应产生于内部优势与外部机会相适应时。在这种情形下，企业可以用自身内部优势获取外部机会，使机会与优势充分结合并发挥出来。

（2）抑制性（劣势+机会）。抑制性意味着妨碍、阻止、影响与控制。当环境提供的机会与企业内部资源优势不相适应，企业的优势无法得到发挥。此时企业就需要提供和追加某种资源，以促进内部资源劣势向优势方面的转化，从而迎合或适应外部机会。

（3）脆弱性（优势+威胁）。脆弱性意味着优势的程度或强度的降低、减少。当环境状况对企业优势构成威胁时，优势得不到充分发挥，出现脆弱局面。在这种情形下，企业必须克服威胁，以发挥优势。

（4）问题性（劣势+威胁）。当企业内部劣势与企业外部威胁相遇时，企业将面临严峻挑战，如果处理不当，可能直接威胁到企业的生死存亡。

	优势（S）	劣势（W）
机会（O）	杠杆效应 适用进攻策略，最大限度地利用机会	抑制性 适用调整策略，做好战略转型的工作
威胁（T）	脆弱性 适用调整策略，采取多种经营方式有效应对潜在风险	问题性 适用生存策略，严密监控竞争对手动向

图4-43　SWOT分析模型

项目五

商品数据分析

【知识目标】

◎ 了解商品数据分析的主要内容。

◎ 熟悉商品的流量构成。

◎ 掌握商品定价的基本方法。

【技能目标】

◎ 能够对商品的流量结构、页面流量和关键词等进行分析。

◎ 能够使用黄金价格点法确定商品价格。

◎ 能够对商品的库存天数和库存周转率进行分析。

【素养目标】

◎ 培养全面认识商品数据、探索数据的意识

◎ 培养规范定价，合理、合法经营的行为

　　小米在分析竞争对手数据后，深刻地意识到商品的重要性。接下来她将更加全面地分析企业的商品，通过数据分析商品的销售表现，以便企业有针对性地改善和优化商品经营。

任务一　初识商品数据

　　小米最初对商品数据的认识仅限于销售数据的范畴，因此在分析商品数据之前，小米需要了解商品数据分析涉及的内容以及分析商品数据时应该如何进行商品定位。

一、商品数据分析的主要内容

商品数据分析是对商品在流通运营中各项指标的统计和分析，以更好地指导企业完成商品的引流、定价和库存管理等工作。商品数据分析会直接影响企业经营效益的高低，其主要内容如下。

（1）流量分析：通过分析商品的流量结构、流量指标和引流关键词等，提高商品的引流效果。

（2）定价分析：通过分析商品所处行业的价格带，来制定出更吸引客户的商品价格。

（3）库存分析：通过分析商品的库存天数和库存周转率等，来优化商品的进销存管理业务。

二、分析商品数据时的商品定位

企业在日常经营中，通常会对旗下的商品进行不同的定位，以更好地发挥不同商品的作用。在分析商品数据时，应该针对不同定位的商品采用不同的数据指标，否则对引流型商品强调利润最大化，或对利润型商品强调引流数据，都是不合适的，这就是为什么要在数据分析时对商品进行定位。

一般来说，企业可以将商品分为引流型商品、利润型商品、形象型商品、活动型商品等，有的商品还可以定位为边缘型商品，不同定位的商品有不同的作用。

（1）引流型商品。这类商品用来吸引流量，提高人气，其定价一般较低，利润较少，需要有一定的市场热度。选择引流型商品时，应着重观察其每一天不同时段的点击率和跳失率的变化趋势，如果跳失率低，说明商品对客户的吸引力较大。之后可以进一步观察商品的转化率、收藏率和加购率，如果这些指标都较高，那么该商品就具备成为引流型商品的潜力。

（2）活动型商品。这类商品的用处较多，例如，以清理库存为目的开展推广促销活动，这类商品需要以低价来弥补客户对商品的购买体验；以提升销量为目的开展推广营销活动，那么这类商品在以低价吸引客户的同时，不仅要考虑客户对商品的购买体验，还要考虑企业的盈利程度；以宣传品牌为目的进行的活动，那么这类商品就应该是大众商品，让客户体验到基础价格与活动价格的差距。总之，活动型商品应该是整套商品定位中利润率最低的一类商品，企业可以通过这类商品让客户感知品牌，并通过后续的售后跟踪，提高客户的购物体验，放大引流效果。

（3）利润型商品。这类商品的销量不一定是最好的，但每一款商品带来的利润都是较高的。利润型商品一般适用于目标客户群体中某一特定的小众人群，因此前期选择这种类型的商品前，应该精准分析小众人群的偏好，才能找出满足这些偏好的商品。另外，利润型商品一般不会有过多的推广费用，因此需要考虑其与引流型商品和活动型商品之间的关联性，如果引流型商品和活动型商品能够与利润型商品形成良好的关联，就能够使利润型商品的流量和销量得到保证。

（4）形象型商品。这类商品一般是高品质、高客单价的极小众商品，其作用主要是建立企业的品牌形象，突出企业风格和品位，使客户能够从众多商品中识别出本企业的商品。

（5）边缘型商品。这类商品的作用在于完善企业的整个商品布局，使客户能够全面感受企业商品，提升对企业的好感度。边缘型商品在一定条件下也可以转化为其他定位的商品。

任务二　分析商品流量数据

企业旗下有一款主推的商品，为了迎接即将到来的大型活动，需要分析该商品的流量数据，观察其引流效果。这个任务安排给了小米，希望她在老张的帮助下完成对该商品的流量结构、页面流量和关键词的分析，找到需要改进和完善的地方，使主推商品在活动中成为企业的销售亮点。

一、分析流量结构

分析流量结构指的是对客户访问商品和下单的渠道进行分析，以找出商品的主要引流渠道、没有发挥引流效果的渠道，从而对整个引流方案进行改善和优化。在生意参谋平台的"流量"页面的"流量来源构成"区域中可以采集商品的流量来源数据。下面在 Excel 中分析这些数据，具体操作如下。

微课视频

流量结构分析

（1）打开"流量结构 .xlsx"文件（配套资源：\ 素材文件 \ 项目五 \ 流量结构 .xlsx），以其中的数据为数据源，在新工作表中创建数据透视表，将"流量类型"字段添加到"行"列表框中，将"访客数 / 位"字段添加到"值"列表框中，统计出该商品所有引流渠道的访客数，如图 5-1 所示。

图5-1　统计所有引流渠道的访客数

（2）在数据透视表的基础上创建数据透视图，类型为饼图，为图表应用"布局4"布局样式，将字体格式设置为"方正兰亭纤黑简体，10号"，调整图表大小，将数据标签的内容设置为"类别名称、百分比、显示引导线"，数字类别设置为"百分比，3位小数"，效果如图5-2所示。由图5-2可知，该商品的流量主要来自3个渠道，分别是淘内免费、自主访问和付费流量。其中，淘内免费流量占据了约71%的比例，是该商品主要的流量来源。

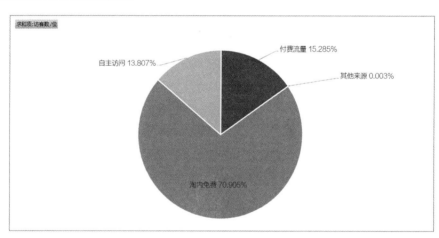

图5-2　创建数据透视图

（3）将"流量类型"字段移至"筛选"列表框中，在"轴（类别）"列表框中重新添加"流量来源"字段，然后单击B1单元格右侧的下拉按钮，在打开的下拉列表中勾选"选择多项"复选框，并勾选上方的"淘内免费"复选框，对引流效果最好的淘内免费渠道进行分析，单击 确定 按钮，如图5-3所示。

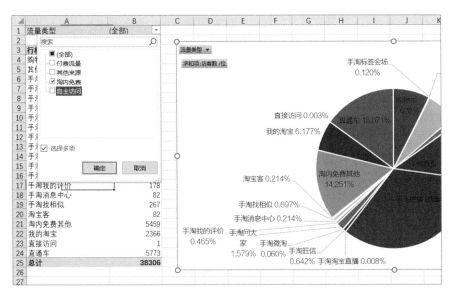

图5-3 筛选流量类型

（4）在数据系列上单击鼠标右键，在弹出的快捷菜单中选择【排序】/【降序】命令重新排列数据，然后将数据标签的小数位数调整为"1"，效果如图5-4所示。由图5-4可知，该商品的流量主要来源于"手淘搜索""淘内免费其他""手淘首页""手淘拍立淘"等渠道。

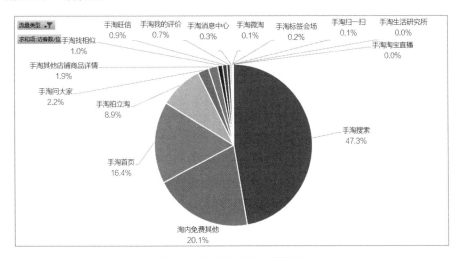

图5-4 分析主要的流量渠道

（5）将"下单转化率"字段添加到"值"列表框中，将图表类型更改为组合图，其中，访客数对应的图表类型为簇状柱形图。下单转化率对应的图表类型为折线图，属于次坐标轴，然后删除数据标签，并将折线轮廓设置为虚线样式，效果如图5-5

所示（配套资源：\ 效果文件 \ 项目五 \ 流量结构 .xlsx）。由图 5-5 可知，几个主要的流量渠道的下单转化率都不高，也就是说，其引流质量还有待提升。相反，"手淘旺信""手淘扫一扫"这两个渠道的下单转化率比较高，因此后期在提升主要流量渠道下单转化率的同时，应考虑将"手淘旺信""手淘扫一扫"作为两个重要的流量渠道来引流。

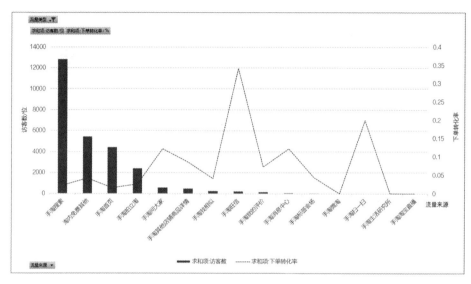

图5-5　分析流量渠道的质量

二、分析页面流量

就网店而言，店铺中的每一个页面都承担着不同的引流功能，分析不同页面的流量数据，即可了解该页面是否发挥了应当发挥的作用，以及是否需要加以调整和修改。在生意参谋平台的"流量"页面的"店内路径"区域中可以采集不同页面的流量数据。下面便利用采集到的数据对店铺各类页面的流量情况进行分析，具体操作如下。

微课视频

分析页面流量

（1）打开"页面流量 .xlsx"文件（配套资源：\ 素材文件 \ 项目五 \ 页面流量 .xlsx），在 F1 单元格中输入"跳失率"（跳失率 = 访客数 ÷ 浏览量），选择 F2:F16 单元格区域，在编辑栏中输入"=D2/C2"，按【Ctrl+Enter】组合键计算各页面的跳失率数据，结果如图 5-6 所示。

（2）以表格数据为数据源，在新工作表中创建数据透视表，将"页面"字段添加到"行"列表框中，将"浏览量 / 次"字段添加到"值"列表框中，在此基础上创建数据透视图，类型为柱形图，为图表应用"布局 4"布局样式，删除图例，将字体格式设置为"方正兰亭纤黑简体，10 号"，调整图表大小，参考效果如图 5-7 所示。由图 5-7 可知，店铺的所有页面中，详情页 1 的浏览量最高，说明该页面的引流效果最好。另外，首页、详情页 2 和导购页 1 与其他页面相比也有一定的浏览量。总体来看，店铺首页和导购页的引流效果还需要优化、提升。

	A	B	C	D	E	F	G	H
1	页面	浏览量/次	访客数/位	浏览量为1的访客数/位	平均停留时间 / 秒	跳失率		
2	首页	538	370	245	8.29	66.2%		
3	详情页1	2173	1173	799	10.99	68.1%		
4	详情页2	570	490	425	27.18	86.7%		
5	详情页3	169	88	69	72.12	78.4%		
6	详情页4	106	72	55	49.15	76.4%		
7	详情页5	76	54	40	11.51	74.1%		
8	详情页6	68	47	29	11.32	61.7%		
9	详情页7	48	41	29	10.04	70.7%		
10	详情页8	53	30	21	17.87	70.0%		
11	详情页9	18	15	10	11.78	66.7%		
12	详情页10	11	8	5	10.64	62.5%		
13	详情页11	6	5	4	15.5	80.0%		
14	导购页1	678	318	214	10.18	67.3%		
15	导购页2	29	21	14	9.41	66.7%		
16	导购页3	31	20	16	7.94	80.0%		
17								

图5-6　计算跳失率

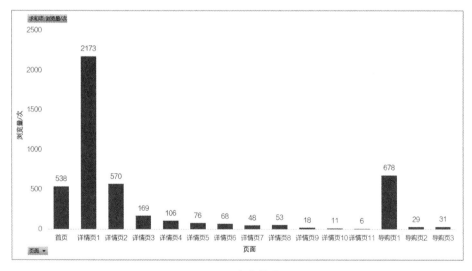

图5-7　参考效果

（3）将"访客数 / 位"字段添加到"值"列表框中，将对应的数据系列的格式设置为"白色填充，灰色轮廓"，效果如图 5-8 所示。由图 5-8 可知，详情页 1 的浏览量和访客数的差距最大，表明少数客户贡献了大量的浏览量，这说明该页面确实能够吸引客户，使客户产生了多次浏览的行为。

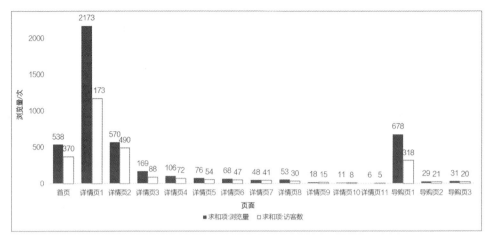

图5-8 分析浏览量与访客数

（4）将"值"列表框中的字段删除，重新添加"平均停留时间/秒"字段和"跳失率"字段，将图表类型修改为组合图，其中，平均停留时间/秒对应的图表类型为簇状柱形图，跳失率对应的图表类型为折线图，属于次坐标轴，删除折线图对应的数据标签，效果如图 5-9 所示（配套资源：\效果文件\项目五\页面流量.xlsx）。由图 5-9 可知，大多数页面的停留时间为 7～11 秒，跳失率几乎都在 60% 以上，这说明店铺的页面设计不够吸引人，需要优化页面内容以增加停留时间并降低跳失率。

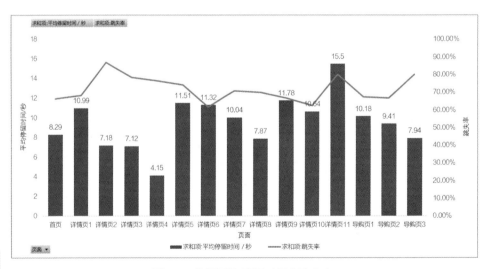

图5-9 分析平均停留时间和跳失率

三、分析商品关键词

商品关键词指的是商品标题中包含的关键内容，这会直接影响商品被搜索到的概率，从而影响店铺和商品的流量数据。以淘宝为例，商品的标题文字的字数不能多于30字，如何在字数有限的情况下设计商品标题，就需要对关键词数据进行分析，提取出热门的关键词并加以组合，形成质量较好的标题。

根据作用的不同，关键词可以分为核心词、修饰词、长尾词、品牌词等类别。

（1）核心词：体现商品类目的词语。例如经营的是男装牛仔裤，则商品的核心词就是"牛仔裤""裤""裤子"等。核心词的搜索量很大，但不太精准，竞争较大，可能导致转化率较低。

（2）修饰词：体现商品属性的词语，如"男""宽松""直筒"等，都是男装牛仔裤或裤子行业的热门修饰词。

（3）长尾词：体现商品类目和属性的词语，由核心词和修饰词组成，其特征是较长，通常由2～3个词组成，如"牛仔裤男冬季加绒款""直筒牛仔裤男""牛仔短裤男宽松"等。组成长尾词可以精准化核心词，并更好地匹配商品类目与属性。长尾词的搜索量相对更少，目的性更强，生成的转化率较高。

（4）品牌词：体现所经营商品的品牌名称的词语。

分析商品关键词时，可以通过竞争度这个指标来判断商品标题能否精准匹配客户搜索词，同时体现出竞争性的大小，最终找到既热门又竞争小的关键词。在生意参谋平台的"市场"页面的"搜索分析"文本框中输入关键词，可采集相关的热门搜索词进行分析。下面介绍分析商品关键词的方法，具体操作如下。

微课视频
商品关键词分析

（1）打开"关键词.xlsx"文件（配套资源：\素材文件\项目五\关键词.xlsx），在F1单元格中输入"竞争度"，选择F2:F40单元格区域，在编辑栏中输入"=B2*C2*D2/E2*1000"，按【Ctrl+Enter】组合键计算各搜索词的竞争度，结果如图5-10所示。

🎓 **小提示**

竞争度的计算公式为"竞争度＝成交量/在线商品数"，成交量越高，在线商品数越少，竞争度越大，效果越好。其中，成交量＝搜索人气×点击率×支付转化率，因此最终竞争度＝搜索人气×点击率×支付转化率/在线商品数×1000，"1000"为结果的修正参数，以避免结果过小。

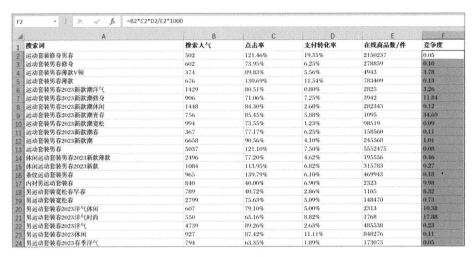

图5-10　计算搜索词的竞争度

（2）将数据按竞争度从大到小降序排列，即可得到竞争度大的搜索词内容，效果如图 5-11 所示（配套资源：\ 效果文件 \ 项目五 \ 关键词 .xlsx）。如果其中有符合本商品的搜索词，即可将其应用到商品的标题上，得到高质量的商品标题。

图5-11　降序排列后的效果

 小提示

设计商品标题时要注意，核心关键词前后的修饰词位置不能轻易改变，标题最前面和最后面的关键词搜索权重最高，组合标题时，应尽量将引流能力强的词语放在标题的最前面和最后面。另外，标题中应至少包含两个精准的核心词，以增加引流范围。

任务三　分析商品定价数据

企业近期对一批商品的销售情况不太满意，在衡量多方因素后决定调整这批商品的价格。因此，小米需要重新为这批商品定价，定价时，小米不仅要考虑企业自身的成本和利润问题，还要考虑竞争对手的定价。老张决定先向小米介绍商品定价的基本方法，然后让她利用黄金价格点法来定价。

一、商品定价的基本方法

商品定价不仅要考虑供求、成本、利润，还要考虑市场因定价等因素，受多种因素的影响，定价的方法也比较多。这里主要介绍 3 种基本的方法，即成本毛利法、竞品参考法、客户价值法。

1．成本毛利法

成本毛利法是许多企业都愿意选择的一种定价方法，因为这种方法既简单又直观，该方法的定价公式为：目标定价 = 成本 ×(1+ 目标毛利率)。例如，某商品的采购成本为 200 元，目标毛利率为 40%，那么目标定价就应该为 200×(1+40%)=280（元）。

如果能很准确地掌握与净利润相关的各项成本和费用情况，如销货成本、销售费用、折旧费用、管理费用、利息、税金等，就可以精确得出目标净利率，然后按照公式得出目标定价。

2．竞品参考法

竞品参考法主要是参考竞争商品的价格来为本商品定价，当然，这种方法也需要建立在成本毛利法的基础上来运用，否则可能会使企业遭受损失。在这种前提下，当商品提供的价值与竞争商品的完全相同时，就可以考虑使用竞品参考法定价。例如，某竞争商品的定价为 240 元，且销量较高，若自身商品按照成本毛利法，以40% 的毛利率为目标，定价为 260 元，此时就应当参考竞争商品的定价，适当下调毛利率，得到与竞争商品相似的定价，才有可能赢得竞争。

3．客户价值法

客户价值法是根据商品为客户创造的价值对商品进行定价，最终价格取决于客户对商品价值的感知程度。例如，某企业制造的商品是客户某个商品的核心零部件，有了这个核心零部件，客户企业每年的销售额增加了 1000 万元，又或者某企业提供的商品为客户在运营过程中每年降低了 1000 万元的成本，假设企业这款商品的成本并不高，那么显然不适合按照成本毛利法定价，同时客户也无法得知企业这款商品的竞争商品的真实价格，那么企业就可以按照客户价值法对商品进行定价，哪怕定价为 500 万元甚至更高，客户都是有可能接受的，毕竟无论是增加销售额还是降低成本，都为客户带来了可见的更高的效益。

实际上，在很多情况下，上述 3 种定价方法是可以综合运用的。例如，某企业需要采购一批冬季套装用于企业团建，要求每套套装的价格不能超过 400 元。那么对本企业而言，首先需要计算出套装的成本，假设为 150 元，然后与市场上竞争商品的价格（200 ～ 400 元）进行比较，同时，与客户沟通后得知自己的商品能够更好地满足客户的需求，最后可以以高于市场上竞争商品平均价格的方式为套装定价，这个定价的过程就综合运用了 3 种定价方法。

素养提升

党的二十大报告指出要建设现代化产业体系，坚持把发展经济的着力点放在实体经济上，明确提出加快建设制造强国、质量强国等目标。我们在商务运营的过程中，应把好质量关，将为社会大众提供高质量的商品作为企业经营的基本要求，杜绝在商品价格上弄虚作假，扰乱市场，损害人民的利益。

二、使用黄金价格点法确定价格

使用黄金价格点法确定商品价格实际上就是对竞品参考法的一种应用。所谓黄金价格点法，指的是采集若干竞争商品的价格，利用其中的最低价和最高价，结合黄金分割点 "0.618" 来计算出商品定价，计算公式如下。

商品定价 = 竞争商品最低价 +（竞争商品最高价 - 竞争商品最低价）× 0.618

下面以采集到的 20 个竞争商品的价格数据为例，利用黄金价格点法计算出商品的可能定价，具体操作如下。

微课视频

使用黄金价格点法确定价格

（1）打开 "商品定价 .xlsx" 文件（配套资源：\ 素材文件 \ 项目五 \ 商品定价 .xlsx），在 C1 单元格中输入 "最低价 / 元"，在 C2 单元格的编辑栏中输入 "=MIN(B2:B21)"，按【Ctrl+Enter】组合键计算最低价，结果如图 5-12 所示。

（2）在 D1 单元格中输入 "最高价 / 元"，在 D2 单元格的编辑栏中输入 "=MAX (B2:B21)"，按【Ctrl+Enter】组合键计算最高价，结果如图 5-13 所示。

图5-12 计算最低价

竞争商品	价格/元	最低价/元	最高价/元
富贵鸟运动套装男春秋款连帽开衫外套卫衣男士休闲户外运动服透气篮球服饰两件	188	188	258
回力运动套装男卫衣卫裤子加绒保暖宽松男士运动裤健身衣跑步休闲篮球服两件套	199		
特步（XTEP）运动套装男装新款服饰卫衣卫裤子宽松大码男士运动裤男健身衣透气	199		
安踏运动套装男秋冬季加绒保暖外套运动裤跑步两件套训练系列男子	219		
花花公子（PLAYBOY）卫衣男秋冬印花运动套装男学生潮流春秋圆领卫衣裤子男子	189		
DIOULIFE 春秋卫衣套装男秋冬衣服男装套装外套男士青少年运动套装男生潮流	198		
啄木鸟运动套装男冬季男马甲三件套加绒厚帽衫卫衣韩版潮流帅气青少年休闲运动	188		
皮尔卡丹【特价捡漏】特价男装2022秋冬季新款加绒加厚三件套男拉链连帽卫衣	199		
吉普（JEEP）卫衣男春秋冬季套装加绒加厚大码一套头圆领帅气卫服中纯色通勤	198		
卡帝乐鳄鱼（CARTELO）卫衣套装男2022秋冬季新版休闲运动套装男士	198		
AFILMBY 运动套装男冬季加绒加厚金丝绒三件套男装运动服跑步服健身服秋季男士	228		
【3件套】运动套装男春秋季冬季卫衣套装潮流百搭开衫立领卫衣春秋运动服男	228		
由蒙 卫衣男秋冬季新款圆领潮流潮牌休闲运动套装加绒加厚青年男装一套搭配帅气	188		
海澜之家旗下海澜优选休闲套装男秋冬新款男装一套搭配帅气成熟潮流男士夹克	208		
加绒套装男冬季韩版潮流套装休闲运动服搭配一套男士冬青年外套	198		
优斯顿保罗卫衣男套装2021秋季新款圆领运动两件套中青年男士长袖T恤上衣+裤子	228		

图5-13 计算最高价

（3）在 E1 单元格中输入"可能定价/元"，在 E2 单元格的编辑栏中输入"=C2+(D2-C2)*0.618"，按【Ctrl+Enter】组合键计算可能定价，结果如图 5-14 所示。该定价数据只能作为定价的参考，企业还需要结合自身的运营成本和商品的优劣得出最终定价。

竞争商品	价格/元	最低价/元	最高价/元	可能定价/元
富贵鸟运动套装男春秋款连帽开衫外套卫衣男士休闲户外运动服透气篮球服饰两件	188	188	258	231.26
回力运动套装男卫衣卫裤子加绒保暖宽松男士运动裤健身衣跑步休闲篮球服两件套	199			
特步（XTEP）运动套装男装新款服饰卫衣卫裤子宽松大码男士运动裤男健身衣透气	199			
安踏运动套装男秋冬季加绒保暖外套运动裤跑步两件套训练系列男子	219			
花花公子（PLAYBOY）卫衣男秋冬印花运动套装男学生潮流春秋圆领卫衣裤子男子	189			
DIOULIFE 春秋卫衣套装男秋冬衣服男装套装外套男士青少年运动套装男生潮流	198			
啄木鸟运动套装男冬季男马甲三件套加绒厚帽衫卫衣韩版潮流帅气青少年休闲运动	188			
皮尔卡丹【特价捡漏】特价男装2022秋冬季新款加绒加厚三件套男拉链连帽卫衣	199			
吉普（JEEP）卫衣男春秋冬季套装加绒加厚大码一套头圆领帅气卫服中纯色通勤	198			
卡帝乐鳄鱼（CARTELO）卫衣套装男2022秋冬季新版休闲运动套装男士	198			
AFILMBY 运动套装男冬季加绒加厚金丝绒三件套男装运动服跑步服健身服秋季男士	228			
【3件套】运动套装男春秋季冬季卫衣套装潮流百搭开衫立领卫衣春秋运动服男	228			
由蒙 卫衣男秋冬季新款圆领潮流潮牌休闲运动套装加绒加厚青年男装一套搭配帅气	188			
海澜之家旗下海澜优选休闲套装男秋冬新款男装一套搭配帅气成熟潮流男士夹克	208			
加绒套装男冬季韩版潮流套装休闲运动服搭配一套男士冬青年外套	198			
优斯顿保罗卫衣男套装2021秋季新款圆领运动两件套中青年男士长袖T恤上衣+裤子	228			
菲勒梵希潮流卫衣男连帽休闲男款欧货2022新款秋冬季宽松上衣加绒保暖套男头帽	238			

图5-14 计算可能定价

任务四 分析商品库存数据

小米了解到企业近期有几款商品销量非常好，但库存不足，影响了整体销售表现。为了避免这类事件再次发生，企业给老张和小米安排了任务，要求他们对企业商品的库存天数和库存周转率进行分析，以便更有效地控制商品的库存数量。

一、分析商品库存天数

分析商品的库存天数可以有效衡量商品库存数量的变化情况，能够持续追踪商品库存数量。商品库存天数的计算公式如下。

库存天数 = 期末库存数量 ÷（某销售期的销售数量 ÷ 该销售期天数）

图 5-15 所示为某企业的库存天数与标准库存天数的对比。其中，柱形图展示的是商品当天的标准库存天数，折线图展示的是计算出的商品当天的库存天数。通过这样的对比，就能量化库存，知道哪些商品的库存天数过低，哪些商品的库存天数过高。

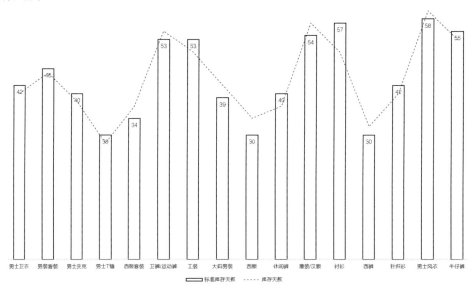

图5-15 某企业的库存天数与标准库存天数的对比

用库存天数来判断安全库存时，还可以量化每个 SKU 的库存天数，并利用 Excel 建立 SKU 库存天数监控表，通过每个 SKU 的库存数据和销售数据来计算 SKU 对应的库存天数，然后对比标准库存天数，对小于标准的 SKU 及时补货，对高于标准库存天数的 SKU 则需要降低库存。

小提示

> SKU 的英文全称为 Stock Keeping Unit，即库存量单位，用于清晰计量商品每一种款式的库存进出数量。例如某商品有蓝、黄两种颜色，有条纹、碎花两种样式，则计量该商品的 SKU 就有 4 种，分别是蓝色条纹、蓝色碎花、黄色条纹、黄色碎花，所有商品都可以通过 SKU 精确计量。

下面以对某款商品的 SKU 进行库存预警设置为例，介绍利用库存天数管理库存的方法，具体操作如下。

微课视频

商品库存天数分析

（1）打开"库存天数 .xlsx"文件（配套资源：\ 素材文件 \ 项目五 \ 库存天数 .xlsx），选择 F1 单元格，在其中输入"库存天数 / 天"，选择 F2:F25 单元格区域，在编辑栏中输入"=D2/(B2/C2)"，按【Ctrl+Enter】组合键返回计算结果，结果如图 5-16 所示。

F2			✕ ✓ fx	=D2/(B2/C2)				
	A	B	C	D	E	F	G	H
1	SKU	近7日支付件数/件	销售天数/天	库存数量/件	标准天数/天	库存天数/天		
2	秋冬季连帽卫衣三件套潮流运动套装黑色	14	7	112	60	56.0		
3	秋冬季连帽卫衣三件套潮流运动套装桔色	4	7	36	60	63.0		
4	秋冬季连帽卫衣三件套潮流运动套装8029黑色加绒	2	7	19	60	66.5		
5	秋冬季连帽卫衣三件套潮流运动套装8029灰色加绒	8	7	94	60	82.3		
6	秋冬季连帽卫衣三件套潮流运动套装1916黑色	6	7	66	60	77.0		
7	秋冬季连帽卫衣三件套潮流运动套装1916绿色	9	7	85	60	66.1		
8	秋冬季连帽卫衣三件套潮流简约套装黑色	11	7	96	60	61.1		
9	秋冬季连帽卫衣三件套潮流简约套装桔色	6	7	78	60	91.0		

图5-16　计算库存天数

（2）选择 G1 单元格，在其中输入"预警"，选择 G2:G25 单元格区域，在编辑栏中输入"=IF(F2-E2<=-15," 急待补货 ",IF(F2-E2<-7," 有待补货 ",IF(F2-E2<=7," 正常 ",IF(F2-E2<15," 加速销售 "," 急待销售 "))))"，按【Ctrl+Enter】组合键计算预警结果，结果如图 5-17 所示。

G2			✕ ✓ fx	=IF(F2-E2<=-15,"急待补货",IF(F2-E2<-7,"有待补货",IF(F2-E2<=7,"正常",IF(F2-E2<15,"加速销售","急待销售"))))				
	A	B	C	D	E	F	G	H
1	SKU	近7日支付件数/件	销售天数/天	库存数量/件	标准天数/天	库存天数/天	预警	
2	秋冬季连帽卫衣三件套潮流运动套装黑色	14	7	112	60	56.0	正常	
3	秋冬季连帽卫衣三件套潮流运动套装桔色	4	7	36	60	63.0	正常	
4	秋冬季连帽卫衣三件套潮流运动套装8029黑色加绒	2	7	19	60	66.5	急待销售	
5	秋冬季连帽卫衣三件套潮流运动套装8029灰色加绒	8	7	94	60	82.3	急待销售	
6	秋冬季连帽卫衣三件套潮流运动套装1916黑色	6	7	66	60	77.0	急待销售	
7	秋冬季连帽卫衣三件套潮流运动套装1916绿色	9	7	85	60	66.1	正常	
8	秋冬季连帽卫衣三件套潮流简约套装黑色	11	7	96	60	61.1	正常	
9	秋冬季连帽卫衣三件套潮流简约套装桔色	6	7	78	60	91.0	急待销售	

图5-17　计算预警结果

（3）以所有数据为数据源创建数据透视表，将"预警"字段和"SKU"字段分

项目五

别添加到"行"列表框和"值"列表框中。在数据透视表的基础上创建数据透视图，类型为二维饼图，为图表应用"布局 4"布局样式，删除图例，将字体格式设置为"方正兰亭纤黑简体，10 号"，添加"类别名称、百分比、显示引导线"数据标签，设置数据标签的数字类别为"含 1 位小数的百分比数据"，效果如图 5-18 所示（配套资源:\效果文件\项目五\库存天数.xlsx）。由图 5-18 可知，在该商品的各种 SKU 中，库存正常的 SKU 占比仅 29.2%，有 20.8% 的 SKU 急待补货，有 16.7% 的 SKU 有待补货，说明这些 SKU 销量不错，应预备更多的库存，避免断货；另外有 25% 的 SKU 急待销售，有 8.3% 的 SKU 需要加速销售，说明这些 SKU 销量不佳，库存有积压风险，应想办法提高销量以缓解库存压力。

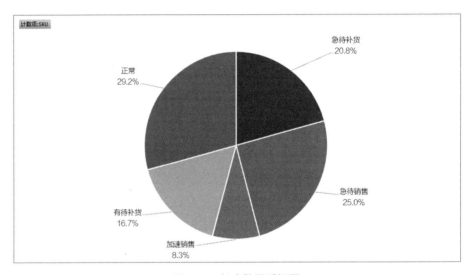

图5-18　创建数据透视图

二、分析商品库存周转率

库存周转率可以从财务的角度监控库存安全，该指标一般以月、季度、半年或年为周期，其计算公式如下。

库存周转率 = 销售数量 ÷[（期初库存数量 + 期末库存数量）÷2]

分析库存周转率时，需要先利用公式计算各商品或 SKU 的库存周转率，然后建立四象限图进行分析。图 5-19 所示为建立的库存周转率四象限图，其中横坐标轴代表库存天数，纵坐标轴代表库存周转率。假设标准库存天数为 30，标准库存周转率为 3，那么该图中位于坐标轴交叉点附近的商品或 SKU 的库存都比较安全；位于左上角象限内的商品库存天数低、库存周转率高，容易出现断货，应及时补货；

位于右下角象限内的商品库存天数高、库存周转率低，容易造成库存积压的现象，应特别重视。

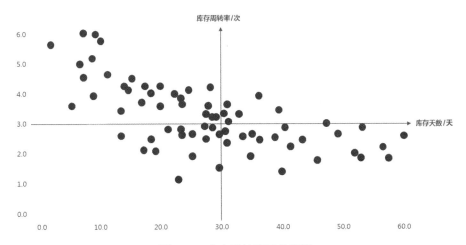

图5-19　库存周转率四象限图

下面利用各商品 SKU 的销量和库存数据来计算并分析对应的库存周转率情况，具体操作如下。

（1）打开"库存周转率.xlsx"文件（配套资源：\素材文件\项目五\库存周转率.xlsx），在 F1 单元格中输入"库存周转率/次"，选择 F2:F25 单元格区域，在编辑栏中输入"=B2/((C2+D2)/2)"，按【Ctrl+Enter】组合键计算各 SKU 的库存周转率，结果如图 5-20 所示。

微课视频

商品库存
周转率分析

F2			fx	=B2/((C2+D2)/2)				
	A	B	C	D	E	F	G	H
1	SKU编号	销售数量/件	期初库存/件	期末库存/件	库存天数/天	库存周转率/次		
2	1	367	121	112	45	3.15		
3	2	319	104	36	70	4.56		
4	3	352	138	19	36	4.48		
5	4	331	158	94	48	2.63		
6	5	426	135	66	51	4.24		
7	6	361	130	85	67	3.36		
8	7	483	89	96	65	5.22		
9	8	215	150	78	36	1.89		
10	9	439	162	54	78	4.06		
11	10	499	122	51	32	5.77		
12	11	205	91	96	79	2.19		
13	12	424	169	59	39	3.72		
14	13	366	130	76	38	3.55		
15	14	445	108	64	65	5.17		
16	15	392	137	73	77	3.73		

图5-20　计算库存周转率

项目五

（2）选择 E1:F25 单元格区域，以此为数据源创建散点图，为图表应用"布局4"布局样式，删除图例和网格线，将字体格式设置为"方正兰亭纤黑简体，10 号"，适当调整图表大小，效果如图 5-21 所示。

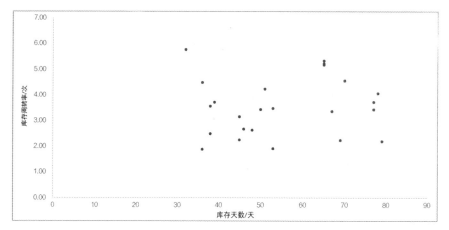

图5-21　创建散点图

（3）双击横坐标轴，在打开的任务窗格中将"纵坐标轴交叉值"的坐标轴值设置为"45"，代表标准库存天数为 45；选择纵坐标轴，将"横坐标轴交叉值"的坐标轴值设置为"3.5"，代表标准库存周转率为 3.5，效果如图 5-22 所示。

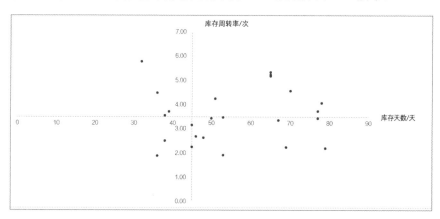

图5-22　调整坐标轴位置

（4）在图表中添加数据标签，类别为"单元格中的值，显示引导线"，范围设置为 SKU 编号对应的单元格区域，适当调整数据标签的位置，效果如图 5-23 所示。（配套资源：\ 效果文件 \ 项目五 \ 库存周转率 .xlsx）。由图 5-23 可知，1 号 SKU 的库存情况最为安全；10 号 SKU 最容易出现断货情况；11 号、17 号、18 号 SKU 则最容易出现库存积压的情况。

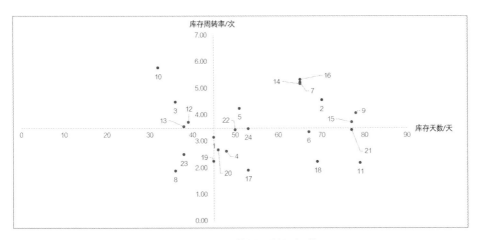

图5-23　添加并设置数据标签

任务实训

小米按领导的要求分析企业的一款商品，主要是针对商品的流量数据和库存数据进行分析，以备在即将到来的大型活动中能够最大限度发挥该商品的优势，为企业带来更多的收益。

一、分析商品流量渠道

【实训背景】

为了寻找适合该商品的流量渠道，小米需要对采集到的商品渠道数据进行对比分析，并结合收藏率指标找出最优渠道，使商品在后面的活动中获得更多的流量和曝光量。

微课视频

商品流量
渠道分析

【实训要求】

（1）通过数据透视图对比各流量渠道的引流效果。

（2）通过新字段分析各流量渠道的收藏率情况。

【实训思路】

（1）打开"商品流量.xlsx"文件（配套资源：\素材文件\项目五\任务实训\商品流量.xlsx），以其中的所有数据为数据源，在新工作表中创建数据透视表，将"来源"字段添加到"行"列表框中，将"访客数/位""浏览量/次""跳出本店人数"字段添加到"值"列表框中，效果如图5-24所示。

（2）在数据透视表的基础上创建数据透视图，类型为条形图，为图表应用"布局4"布局样式，将字体格式设置为"方正兰亭纤黑简体，10号"，调整图表大小，删除数据标签，将数据系列设置为不同的格式以便于区分，效果如图 5-25 所示。通过该条形图分析哪些流量渠道是该商品可以选择的渠道。

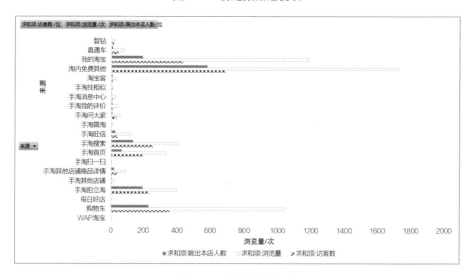

行标签	求和项:访客数/位	求和项:浏览量/次	求和项:跳出本店人数/位
WAP淘宝	1	1	1
购物车	353	1042	230
每日好店	1	2	0
手淘拍立淘	235	399	194
手淘其他店铺	5	22	4
手淘其他店铺商品详情	37	87	17
手淘扫一扫	1	1	0
手淘首页	193	331	63
手淘搜索	255	404	133
手淘旺信	39	124	26
手淘微淘	3	9	2
手淘问大家	32	54	5
手淘我的评价	11	40	6
手淘消息中心	8	25	5
手淘找相似	7	7	3
淘宝客	11	28	7
淘内免费其他	688	1724	580
我的淘宝	432	1182	191
直通车	44	73	8
智钻	14	19	3
总计	2222370	5574	111479

图5-24　创建数据透视表

图5-25　分析流量渠道

（3）重新在新工作表中创建数据透视表，将"来源"字段添加到"行"列表框中，然后利用"计算字段"功能创建"收藏率"（收藏率＝收藏人数／访客数）字段，将字段的数据格式设置为百分比。在数据透视表的基础上创建数据透视图，类型为柱形图，为图表应用"布局 4"布局样式，删除图例，将字体格式设置为"方正兰亭纤黑简体，10 号"，调整图表大小，效果如图 5-26 所示（配套资源：\ 效果文件 \ 项目五 \ 任务实训 \ 商品流量 .xlsx）。通过该柱形图分析哪个流量渠道的收藏率较好，结合前面分析的结果选出高质量的流量渠道。

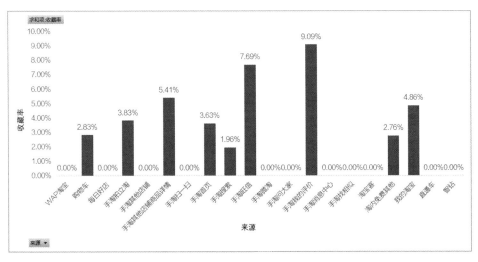

图5-26　分析收藏率

👨‍🎓 **小提示**

设置数据透视表字段的数据格式时，可在"数据透视表字段"任务窗格的"值"列表框中单击该字段右侧的下拉按钮▾，在打开的下拉列表中选择"值字段设置"选项，打开"值字段设置"对话框，单击左下角的 数字格式(N) 按钮，在打开的对话框中进行设置。

二、分析商品库存数据

【实训背景】

为了更好地管理该商品，以确保有足够的库存应对即将到来的活动，小米需要分析该商品的各 SKU 的库存数据，以确定哪些 SKU 需要补货，哪些 SKU 需要减少库存压力。

【实训要求】

（1）计算各 SKU 的库存周转率和库存天数。

（2）创建四象限图，分析各 SKU 的库存情况。

【实训思路】

（1）打开"商品库存 .xlsx"文件（配套资源：\ 素材文件 \ 项目五 \ 任务实训 \ 商品库存 .xlsx），分别计算出各 SKU 的库存周转率和库存周转天数，其中库存周转率的公式为"=B2/((C2+D2)/2)"，库存周转天数的公式为"=360/E2"，结果如图 5-27 所示。

E2 =B2/((C2+D2)/2)

	A	B	C	D	E	F
1	SKU编号	销售数量 / 件	期初库存 / 件	期末库存 / 件	库存周转率 / 次	库存周转天数 / 天
2	1	570,399.00	55,000.00	95,000.00	7.6	47.3
3	2	980,686.00	69,000.00	78,000.00	13.3	27.0
4	3	550,385.00	96,000.00	99,000.00	5.6	63.8
5	4	660,462.00	71,000.00	67,000.00	9.6	37.6
6	5	510,357.00	87,000.00	70,000.00	6.5	55.4
7	6	830,581.00	77,000.00	61,000.00	12.0	29.9
8	7	920,644.00	76,000.00	58,000.00	13.7	26.2
9	8	970,679.00	86,000.00	74,000.00	12.1	29.7
10	9	600,420.00	83,000.00	95,000.00	6.7	53.4
11	10	700,490.00	69,000.00	98,000.00	8.4	42.9
12	11	690,483.00	78,000.00	76,000.00	9.0	40.1
13	12	790,553.00	52,000.00	97,000.00	10.6	33.9
14	13	930,651.00	64,000.00	83,000.00	12.7	28.4
15	14	660,462.00	84,000.00	58,000.00	9.3	38.7
16	15	930,651.00	67,000.00	98,000.00	11.3	31.9
17	16	730,511.00	89,000.00	90,000.00	8.2	44.1
18	17	630,441.00	83,000.00	69,000.00	8.3	43.4
19						

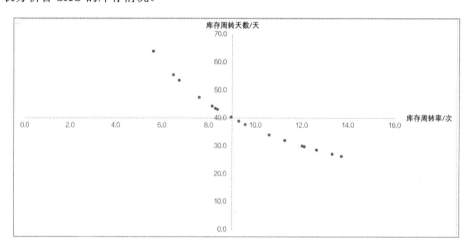

图5-27　计算库存周转率和库存天数

（2）以库存周转率和库存天数为数据源创建散点图，对图表进行适当美化，假设标准库存天数为 40，标准库存周转率为 9，按这个标准调整坐标轴位置，效果如图 5-28 所示（配套资源：\ 效果文件 \ 项目五 \ 任务实训 \ 商品库存 .xlsx）。通过图表分析各 SKU 的库存情况。

图5-28　分析各SKU的库存情况

课后习题

1. 选择题

（1）进行商品定位时，一般可以选择一些高品质、高客单价的极小众商品作为（　　）。

  A．引流型商品　　　　　　　　B．利润型商品

  C．形象型商品　　　　　　　　D．活动型商品

（2）搜索量相对更少、目的性更强、转化率相对更高的关键词是（　　）。

  A．核心词　　　　　　　　　　B．修饰词

  C．长尾词　　　　　　　　　　D．品牌词

（3）商品库存天数的计算公式为（　　）。

  A．库存天数＝期初库存数量÷（某销售期的销售数量÷该销售期天数）

  B．库存天数＝期末库存数量÷（某销售期的销售数量÷该销售期天数）

  C．库存天数＝期初库存数量÷（某销售期的销售数量×该销售期天数）

  D．库存天数＝期末库存数量÷（某销售期的销售数量×该销售期天数）

2．判断题

（1）边缘型商品的作用只是为了完善企业的整个商品布局。（　　）

（2）进行商品定价时，采用竞品参考法应该根据商品为客户所创造的价值进行定价。（　　）

（3）SKU是库存量单位，它能够清晰计量商品不同款式的库存数量。（　　）

3．操作题

（1）某企业采集了某日各商品详情页的浏览量、访客数、点击人数和跳失率等指标（配套资源：\素材文件\项目五\课后习题\商品详情页.xlsx），现需要以详情页名称、访客数、跳失率为数据源，创建组合图来分析各商品详情页的流量情况，参考效果如图5-29所示（配套资源：\效果文件\项目五\课后习题\商品详情页.xlsx）。

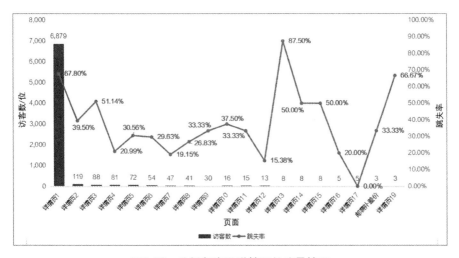

图5-29　分析各商品详情页的流量情况

（2）为了提升竞争力，某企业采集了若干竞争商品的市场价格（配套资源：素材文件\项目五\课后习题\商品定价.xlsx），现需要利用黄金价格点法计算出商品的可能定价，参考效果如图5-30所示（配套资源：\效果文件\项目五\课后习题\商品定价.xlsx）。

	E2	fx	=C2+(D2-C2)*0.618			
	A		B	C	D	E
1	竞争商品		价格/元	最低价/元	最高价/元	可能定价/元
2	纯色羊绒衫男加厚纯色宽松针织衫冬季商务体闲半高领多色毛衣男 羊驼色		568	268	829	614.70
3	100%羊毛衫 针织衫男装纯色羊毛衫秋冬季半高领毛衣 15001006 藏青		268			
4	羊绒衫男柔软保暖圆领细腻亲肤修身长袖毛衣男HNZRJ4D001A 黑色		368			
5	羊绒针织衫男秋冬新款宽松圆领纯色简约商务体闲毛衣男加厚		459			
6	100%baby羊绒 男式高领小山羊绒衫冬季柔软保暖针织毛线衫 半高领		459			
7	哥弟真的好男装秋冬新款简约百搭纯羊绒针织打底衫男毛衣		600			
8	毛衣男2022秋冬新款羊毛打底衫圆领套头宽松加厚保暖冬羊绒针织衫		359			
9	纯山羊绒衫男新品秋冬季厚款男装体闲商务V领防寒保暖纯色男士可贴身毛衣		388			
10	羊绒衫男100%纯山羊绒秋冬羊绒衫男半高领宽松长袖套头毛衣插肩		679			
11	羊绒衫男开衫秋冬山羊绒针织外套加厚宽松显瘦体闲百搭针织衫		569			
12	纯山羊绒衫男新品秋冬季男装体闲商务纯色半高领防寒保暖男士可贴身中厚款		479			
13	加厚纯羊绒针织衫男半高领羊毛针织衫男士毛衣打底衫秋冬季		399			
14	男式V常规领 圆常规领 小山羊绒衫 冬季柔软保暖针织衫		569			
15	羊绒衫男秋冬季加厚100%纯山羊绒毛衣纯色商务体闲厚款打底衫男士		829			
16	羊绒衫男半高领中年山羊绒衫秋冬季纯色加厚国货毛衣男保暖针织衫		799			
17	纯山羊绒衫男秋冬新品中青年男士厚款保暖翻领男装体闲商务纯色柔软可贴身		429			
18						

图5-30　计算商品的可能定价

拓展阅读

商品上下架优化管理

电商平台对商品的上下架管理一般都有比较明确的规定，如某电商平台要求商品上架后应在7天或14天后下架，这样才能给其他商品更多的曝光机会，使得市场竞争更加公平。另外，商品越接近下架的时间，那么在搜索排名中就越靠前，这就使商品更容易获得有力的展现位置，吸引更多的免费流量。因此通过分析商品上下架时间，为商品赢得更多的流量，就是商品上下架优化管理的主要内容。

电商平台中的商品下架行为是一种虚拟的行为，即商品一旦上架销售，就会一直处于销售状态，无论是否到了下架时间，都可以进行销售，只是该上下架周期结束后，会重新以另一个新的周期计算商品的上下架周期，不会影响商品的销售状态。例如，某店铺在3月12日10:25上架一款商品，那么该商品的下架时间为3月19日10:25，3月19日10:25至3月26日10:25又是新的上下架周期，而实际上从3月12日10:25至3月26日10:25这段时间内，无论上架还是下架，都不会影响该商品的销售。

商品上下架的周期分为7天和14天，大多数店铺都会使用7天这个上下架周期，原因在于这个周期比14天多了一次下架机会，也就多了一次展现和引流的机会。

一般来说，只有当 7 天周期无法完全满足所有商品的上下架管理时，才会选择 14 天这个上下架周期。换句话说，如果店铺中的商品太多，多到在 7 天内的各黄金时间段都无法容纳，就只能退而求其次选择较长的周期来安排商品的上下架。

　　由于商品是虚拟下架，因此商品的上架时间就非常重要，它决定了商品下架的时间，也就决定了下架前商品是否处于黄金时间段，是否能获得更多的流量。一般情况下，网购的黄金时间段有 3 个，分别是 9:00 至 11:00、15:00 至 17:00，以及 20:00 至 22:00。由于商品的上架时间就是下架时间，如果这个时间处在人气高峰的黄金时间段，商品获得的关注就更多。因此企业可以采集商品的流量和销售等数据，找出商品的特点，如果商品的目标客户是大学生，那么网购的黄金时间段可以选择晚上和周末；如果目标客户是退休人员，那么网购的黄金时间段可以考虑下午或晚上。

　　另外，电商平台的关键词排名往往会在一天中的大部分时间按 15 分钟一次的频率刷新，在 19:30 到 23:30 按 30 分钟一次的频率刷新。因此，结合前面确定的黄金时间段，再按刷新频率分批次上架商品，就可以更好地享受黄金时间段的流量福利。例如，确定上架的黄金时间段为 9:00 至 11:00，则可以在 9:00 上架一款商品，在 9:15 上架另一款商品，以此类推，将店铺中的所有商品在 7 天这个周期内，按每天黄金时间段对应的刷新频率进行上架，这样在一周后，每天的所有黄金时间段都会有商品处于下架状态，可以确保店铺始终有商品获得较大的流量和关注度。

项目六

销售数据分析

【知识目标】

◎ 熟悉销售数据、销售额差异、投入产出比等概念。

◎ 掌握推广数据的主要内容。

◎ 熟悉利润与利润率的区别。

【技能目标】

◎ 能够分析交易趋势和销售额差异。

◎ 能够分析不同推广渠道的投入产出比和活动推广效果。

◎ 能够分析和预测与利润相关的数据。

【素养目标】

◎ 培养严谨、细致的工作态度。

◎ 培养正确认识数据预测的思想。

企业顺利地结束了在电商平台开展的促销活动，接下来老张和小米需要对这段时间的销售数据进行分析，整理最终的销售成果，以改善不足，发挥优势，制定后期的销售策略。

任务一 初识销售数据

在开始任务前，老张需要给小米普及一些与销售数据相关的知识，主要是销售数据的含义和作用，使小米更加全面地认识销售数据，为后面的数据分析工作打下基础。

一、销售数据的含义

销售数据指的是企业为客户提供商品和服务后，体现企业销售业绩的一类数据。常见的销售数据包括交易数据、推广数据、利润数据等，这些数据可以反映企业的经营状况。

二、销售数据的作用

企业几乎每天都会与销售数据打交道，但部分企业对各种销售数据置若罔闻，只是将销售数据机械地积累下来，几乎不会进行分析。究其原因，主要是这些企业没有意识到销售数据的重要性。总体而言，销售数据的作用体现在以下几个方面。

（1）有助于正确、快速地做出市场决策。许多企业涉及的行业都有趋势变化快、销售时间段短等特点，如服饰行业、食品行业等，在商务运营的过程中，只有及时掌握销售变化情况，发现销售规律，才能根据实际情况对销售方案做出正确反应，迅速调整商品组合及库存，调整商品价格，改变促销策略，才能抓住商机，赢得市场的青睐。

（2）有助于及时了解销售计划的执行结果。详细、全面的销售计划是商务企业经营成功的保证，而对销售计划执行结果的分析，就是调整销售计划、确保销售计划顺利实现的重要措施。通过分析销售数据，可以及时反映销售计划的完成情况，及时发现销售过程中存在的问题，为提高销售业绩及服务水平提供依据和对策。

（3）有助于提高商务运营各个环节的效率。销售环节是商务企业经营过程中的重要环节，分析销售数据，有助于更好地掌控其他环节的运营情况，例如，畅销商品断货，说明库存环节出现了问题；退货金额过大，说明商品、售后服务等环节可能出现了问题等。换句话说，以销售为核心的商务企业，应该充分分析销售数据，发现并解决问题，从而提高各个环节的效率，使企业运营的各个环节形成一个统一、高效的系统。

任务二 分析交易数据

按照老张的要求，小米首先需要分析交易数据，侧重点主要放在交易趋势、销售额差异等方面，希望能从这些方面分析企业在指定时期内的交易情况。

一、分析交易趋势

在生意参谋平台的"交易"页面的"交易概况"区域中可以采集近一个月或指

定时期的交易数据，包括销量、销售额、交易客户数等，通过分析这些数据能分析出该时期内交易的变化趋势。下面在 Excel 中对采集到的数据进行计算和分析，具体操作如下。

（1）打开"交易趋势.xlsx"文件（配套资源：\ 素材文件 \ 项目六 \ 交易趋势.xlsx），在 E1 单元格中输入"客单价 / 元"，选择 E2:E31 单元格区域，在编辑栏中输入"=C2/D2"，按【Ctrl+Enter】组合键计算每日的客单价，结果如图 6-1 所示。

E2			fx	=C2/D2				
	A	B	C	D	E	F	G	H	I
1	日期	销量 / 件	销售额 / 元	交易客户数 / 位	客单价 / 元				
2	10月29日	31	10199.0	29	351.7				
3	10月30日	64	21056.0	59	356.9				
4	10月31日	75	21600.0	64	337.5				
5	11月1日	101	29088.0	84	346.3				
6	11月2日	86	24768.0	70	353.8				
7	11月3日	40	13160.0	36	365.6				
8	11月4日	27	8883.0	26	341.7				
9	11月5日	29	9541.0	27	353.4				
10	11月6日	44	14476.0	40	361.9				
11	11月7日	26	8554.0	25	342.2				
12	11月8日	16	5264.0	16	329.0				

图6-1　计算客单价

（2）在 F1 单元格中输入"环比增幅"，在 F2 单元格中输入"/"，选择 E3:E31 单元格区域，在编辑栏中输入"=(E3−E2)/E2"，按【Ctrl+Enter】组合键计算每日客单价的环比增幅，结果如图 6-2 所示。

F3			fx	=(E3-E2)/E2				
	A	B	C	D	E	F	G	H	I
1	日期	销量 / 件	销售额 / 元	交易客户数 / 位	客单价 / 元	环比增幅			
2	10月29日	31	10199.0	29	351.7	/			
3	10月30日	64	21056.0	59	356.9	1.5%			
4	10月31日	75	21600.0	64	337.5	−5.4%			
5	11月1日	101	29088.0	84	346.3	2.6%			
6	11月2日	86	24768.0	70	353.8	2.2%			
7	11月3日	40	13160.0	36	365.6	3.3%			
8	11月4日	27	8883.0	26	341.7	−6.5%			
9	11月5日	29	9541.0	27	353.4	3.4%			
10	11月6日	44	14476.0	40	361.9	2.4%			
11	11月7日	26	8554.0	25	342.2	−5.5%			
12	11月8日	16	5264.0	16	329.0	−3.8%			
13	11月9日	12	3948.0	12	329.0	0.0%			

图6-2　计算环比增幅

（3）选择 A1:C31 单元格区域，创建组合图，其中销量对应的图表类型为折线图，作为次坐标轴，销售额对应的图表类型为簇状柱形图。为图表应用"布局 4"布局样式，将字体格式设置为"方正兰亭纤黑简体、10 号"，适当调整图表大小，效果如图 6-3 所示。由图 6-3 可知，近一个月企业有两次交易高峰，第一次以 11 月 1 日为中心，第二次以 11 月 11 日为中心，其余时间销售额均未超过 15 000 元，绝大部分未超过 10 000 元。

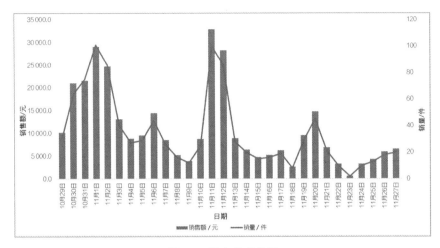

图6-3　图表参考效果

（4）按住【Ctrl】键加选日期数据和客单价数据，创建折线图，为图表应用"布局 4"布局样式，删除图例，将字体格式设置为"方正兰亭纤黑简体，10 号"，双击纵坐标轴，在打开的任务窗格中将最大值设置为"700.0"，然后适当调整图表大小，效果如图 6-4 所示。由图 6-4 可知，企业的客单价稳定在 300 元至 400元之间。

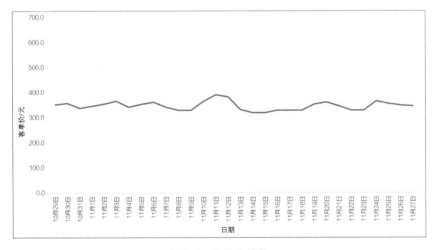

图6-4　客单价趋势

（5）按住【Ctrl】键加选日期数据和环比增幅数据，创建折线图，为图表应用"布局 4"布局样式，删除图例，将字体格式设置为"方正兰亭纤黑简体，10 号"，添加数据标签并调整位置，然后适当调整图表大小，效果如图 6-5 所示（配套资源：\效果文件\项目六\交易趋势.xlsx）。由图 6-5 可知，企业的客单价环比增幅的变化较大，最大增幅为 11.1%，最小增幅为 −13.2%。

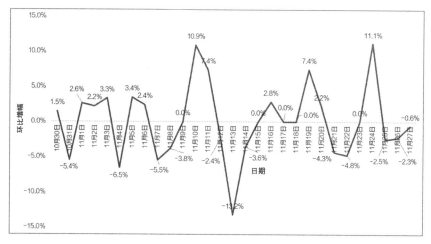

图6-5　客单价环比增幅的变化情况

二、分析销售额差异

分析销售额差异是指分析不同因素对销售额带来的影响。例如，某企业年度计划要求第一季度销售 10000 件商品，每件售价 10 元，即销售额为 100000 元。在第一季度结束时，商品销售了 6 000 件，每件售价 8 元，实际销售额为 48000 元。此时的销售额差异为 100000 元 −48000 元 =52000 元。显然，导致销售额差

微课视频

销售额差异分析

异有价格下降的原因，也有销量下降的原因。分析销售额差异，就是要找到导致销售额下降的主要原因。从上例来看，因价格下降导致的销售额差异为 6000 元 × 2=12000 元，因销量下降导致的销售额差异为 4000 元 ×10=40000 元。由此可见，销量是导致销售额差异的主要原因，此时企业可以根据实际情况对销量下降的原因做进一步分析。

下面分析不同类目的商品在近一个月的销售额差异，具体操作如下。

（1）打开"销售额差异.xlsx"文件（配套资源：\素材文件\项目六\销售额差异.xlsx），选择 B6:E6 单元格区域，在编辑栏中输入"=B2*B3"，按【Ctrl+Enter】组合键计算目标销售额，结果如图 6-6 所示。

图6-6　计算目标销售额

（2）选择 B7:E7 单元格区域，在编辑栏中输入"=B4*B5"，按【Ctrl+Enter】组合键计算实际销售额，结果如图 6-7 所示。由图 6-7 可知，每个类目的实际销售额都低于目标销售额。

	B7		fx	=B4*B5		
	A	B	C	D	E	F
1	类目	休闲运动套装	工装制服	时尚套装	其他套装	
2	目标销量 / 件	1000	600	400	200	
3	目标单品平均售价 / 元	400	200	200	200	
4	实际销量 / 件	976	427	389	176	
5	实际单品平均售价 / 元	398.6	192.4	189.8	198.2	
6	目标销售额 / 元	400000	120000	80000	40000	
7	实际销售额 / 元	389033.6	82154.8	73832.2	34883.2	
8	销售额差异 / 元					
9	因销量导致的销售额差异 / 元					
10	因售价导致的销售额差异 / 元					

图6-7　计算实际销售额

（3）选择 B8:E8 单元格区域，在编辑栏中输入"=B7-B6"，按【Ctrl+Enter】组合键计算销售额差异，结果如图 6-8 所示。由图 6-8 可知，工装制服的销售额差异最大，接近 40000 元，其次是休闲运动套装，销售额差异约 10000 元。

	B8		fx	=B7-B6		
	A	B	C	D	E	F
1	类目	休闲运动套装	工装制服	时尚套装	其他套装	
2	目标销量 / 件	1000	600	400	200	
3	目标单品平均售价 / 元	400	200	200	200	
4	实际销量 / 件	976	427	389	176	
5	实际单品平均售价 / 元	398.6	192.4	189.8	198.2	
6	目标销售额 / 元	400000	120000	80000	40000	
7	实际销售额 / 元	389033.6	82154.8	73832.2	34883.2	
8	销售额差异 / 元	−10966.4	−37845.2	−6167.8	−5116.8	
9	因销量导致的销售额差异 / 元					
10	因售价导致的销售额差异 / 元					
11						

图6-8　计算销售额差异

（4）选择 B9:E9 单元格区域,在编辑栏中输入"=B3*(B2-B4)",按【Ctrl+Enter】组合键计算因销量导致的销售额差异,结果如图 6-9 所示。

图6-9　计算因销量导致的销售额差异

（5）选择 B10:E10 单元格区域,在编辑栏中输入"=B4*(B3-B5)",按【Ctrl+Enter】组合键计算因售价导致的销售额差异,结果如图 6-10 所示（配套资源：\效果文件\项目六\销售额差异.xlsx）。由图 6-10 可知, 休闲运动套装、工装制服和其他套装这 3 个类目的销售额差异主要都是由销量减少导致的, 时尚套装类目的销售额差异则与销量减少和售价降低都有关系, 且售价降低的影响更大。

图6-10　计算因售价导致的销售额差异

任务三　分析推广数据

企业在活动期间取得了一定的销售成绩,小米需要借助这些销售数据分析出各种渠道的推广效果,找到优质的活动推广渠道,并为以后的活动开展提供数据支持。

一、分析推广渠道

不同的电商平台有不同的推广渠道,企业一般会根据实际情况选择一个或多个推广渠道进行商品推广。借助这些推广渠道,企业往往会取得更优异的销售成绩,但同时也需要付出不同的推广成本。因此,在分析推广渠道时,可以借助投入产出比这个指标,分析不同推广渠道的成交总额与投入成本的比例,找出质量更高的推广渠道。在相应的推广渠道平台中,可以采集指定时期内该推广渠道的成交总额与投入成本等数据,下面利用这些数据分析各推广渠道的投入产出比情况,具体操作如下。

微课视频

推广渠道分析

(1)打开"推广渠道.xlsx"文件(配套资源:\素材文件\项目六\推广渠道.xlsx),在 D1 单元格中输入"投入产出比",选择 D2:D6 单元格区域,在编辑栏中输入"=B2/C2",按【Ctrl+Enter】组合键计算各推广渠道的投入产出比,结果如图 6-11 所示。

D2	▼ : × ✓ fx	=B2/C2						
	A	B	C	D	E	F	G	H
1	推广渠道	成交总额 / 元	投入成本 / 元	投入产出比				
2	A渠道	236,971.80	154,490.00	1.53				
3	B渠道	100,472.00	59,178.00	1.70				
4	C渠道	112,672.00	52,420.00	2.15				
5	D渠道	95,562.00	69,178.00	1.38				
6	E渠道	34,226.00	15,251.00	2.24				
7								
8								
9								
10								
11								
12								

图6-11　计算各推广渠道的投入产出比

🎓 小提示

就电子商务推广渠道分析而言,投入产出比中的投入通常是指广告投入,可以用来测量推广活动的效果。因此即便投入产出比大于 1,也不能说明这次推广活动就是成功的,考虑到人工成本、管理成本等其他成本,当投入特指广告投入时,投入产出比要在 2.5 左右才可能盈利。

(2)选择 A1:D6 单元格区域,创建组合图,其中成交总额和投入成本对应的图表类型为簇状柱形图,投入产出比对应的图表类型为折线图,为次坐标轴。为图表应用"布局 4"布局样式,将字体格式设置为"方正兰亭纤黑简体,10 号",删除数据标签,调整投入成本图表格式以便于区分,然后适当调整图表大小,效果如图

项目六

6-12 所示（配套资源：\ 效果文件 \ 项目六 \ 推广渠道 .xlsx）。由图 6-12 可知，A 渠道成交总额最大，但投入成本也最大，导致其投入产出比较小；B 渠道、C 渠道、D 渠道的成交总额相近，但 C 渠道的投入成本最小，因此该渠道的投入产出比最大；E 渠道的成交总额最小，但由于投入成本也最小，因此其投入产出比是所有渠道中最大的。从投入产出比的角度来看，C 渠道是该时期内更为优质的渠道。

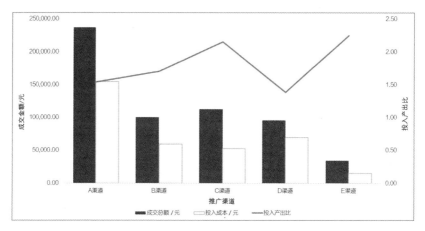

图6-12　图表参考效果

二、分析活动推广效果

分析活动推广效果时，应重点关注活动的流量、转化、拉新和留存这几个核心维度。

（1）流量：分析活动为企业带来的流量情况，如访客数、点击量、点击率、跳失率等。

（2）转化：分析流量的转化情况，如收藏数、加购（加入购物车）数、成交订单数、收藏转化率、加购转化率、支付转化率等。

（3）拉新：分析活动为企业带来的新客户情况，如新访客数、新访客占比、新收藏数等。

（4）留存：分析活动结束后客户的留存情况，如会员数、交易次数等。

在各活动平台中采集与活动推广效果核心维度相关的指标数据，并将其整理到 Excel 中便可进行分析。下面介绍分析活动推广效果的方法，具体操作如下。

（1）打开"活动推广效果 .xlsx"文件（配套资源：\ 素材文件 \ 项目六 \ 活动推广效果 .xlsx），在 I1 单元格中输入"新访客占比"，

微课视频

活动推广效果分析

选择 I2:I6 单元格区域，在编辑栏中输入"=C2/B2"，按【Ctrl+Enter】组合键计算各活动的新访客占比，结果如图 6-13 所示。

图6-13　计算新访客占比

（2）在 J1 单元格中输入"收藏转化率"，选择 J2:J6 单元格区域，在编辑栏中输入"=D2/B2"，按【Ctrl+Enter】组合键计算各活动的收藏转化率，结果如图 6-14 所示。

图6-14　计算收藏转化率

（3）在 K1 单元格中输入"新收藏占比"，选择 K2:K6 单元格区域，在编辑栏中输入"=E2/D2"，按【Ctrl+Enter】组合键计算各活动的新收藏占比，结果如图 6-15 所示。

图6-15　计算新收藏占比

（4）在 L1 单元格中输入"加购转化率"，选择 L2:L6 单元格区域，在编辑栏中输入"=F2/B2"，按【Ctrl+Enter】组合键计算各活动的加购转化率，结果如图 6-16 所示。

	A	B	C	D	E	F	G	H	I	J	K	L
L2				fx	=F2/B2							
1	活动名称	访客数/位	新访客数/位	收藏数/次	新收藏数/次	加购数/次	新加购数/次	成交订单数/次	新访客占比	收藏转化率	新收藏占比	加购转化率
2	A活动	20,727	1,078	966	264	1,535	182	652	5.20%	4.66%	27.33%	7.41%
3	B活动	7,787	1,113	1,262	167	1,520	136	568	14.29%	16.21%	13.23%	19.52%
4	C活动	5,223	258	1,486	152	1,100	135	341	4.94%	28.45%	10.23%	21.06%
5	D活动	9,017	535	990	145	1,119	81	300	5.93%	10.98%	14.65%	12.41%
6	E活动	25,229	1,601	232	106	1,035	187	596	6.35%	0.92%	45.69%	4.10%

图6-16　计算加购转化率

（5）在 M1 单元格中输入"新加购占比"，选择 M2:M6 单元格区域，在编辑栏中输入"=G2/F2"，按【Ctrl+Enter】组合键计算各活动的新加购占比，结果如图 6-17 所示。

	D	E	F	G	H	I	J	K	L	M	N
M2				fx	=G2/F2						
1	收藏数	新收藏数/次	加购数/次	新加购数/次	成交订单数/次	新访客占比	收藏转化率	新收藏占比	加购转化率	新加购占比	
2	966	264	1,535	182	652	5.20%	4.66%	27.33%	7.41%	11.86%	
3	1,262	167	1,520	136	568	14.29%	16.21%	13.23%	19.52%	8.95%	
4	1,486	152	1,100	135	341	4.94%	28.45%	10.23%	21.06%	12.27%	
5	990	145	1,119	81	300	5.93%	10.98%	14.65%	12.41%	7.24%	
6	232	106	1,035	187	596	6.35%	0.92%	45.69%	4.10%	18.07%	

图6-17　计算新加购占比

（6）在 N1 单元格中输入"支付转化率"，选择 N2:N6 单元格区域，在编辑栏中输入"=H2/B2"，按【Ctrl+Enter】组合键计算各活动的支付转化率，结果如图 6-18 所示。

	E	F	G	H	I	J	K	L	M	N	O
N2				fx	=H2/B2						
1	新收藏数	加购数/次	新加购数/次	成交订单数/次	新访客占比	收藏转化率	新收藏占比	加购转化率	新加购占比	支付转化率	
2	264	1,535	182	652	5.20%	4.66%	27.33%	7.41%	11.86%	3.15%	
3	167	1,520	136	568	14.29%	16.21%	13.23%	19.52%	8.95%	7.29%	
4	152	1,100	135	341	4.94%	28.45%	10.23%	21.06%	12.27%	6.53%	
5	145	1,119	81	300	5.93%	10.98%	14.65%	12.41%	7.24%	3.33%	
6	106	1,035	187	596	6.35%	0.92%	45.69%	4.10%	18.07%	2.36%	

图6-18　计算支付转化率

（7）以活动名称、访客数、收藏转化率、加购转化率和支付转化率等数据为数据源，创建组合图，其中访客数对应的图表类型为簇状柱形图，收藏转化率、加购转化率和支付转化率3组数据对应的图表类型均为折线图，为次坐标轴。为图表应用"布局4"布局样式，将字体格式设置为"方正兰亭纤黑简体，10号"，删除数据标签，将3条折线设置为不同的格式以便于区分，适当调整图表大小，效果如图6-19所示。由图6-19可知，C活动的收藏转化率和加购转化率最高，支付转化率也较高，说明该活动的推广效果非常不错，但碍于访客数过少，因此销售成绩并不理想，应想办法增加流量和曝光率，提升访客数。与之相反的是E活动，虽然访客数最高，但收藏转化率、加购转化率和支付转化率都是最低的，其推广效果最差，因此可以调整推广策略，停止在该活动上投入过多的成本。除此以外，B活动、D活动也有较大的潜力，应考虑在这些活动上增加访客数；A活动效果一般，但由于访客数较多，因此可以侧重考虑如何提升各项转化率指标。

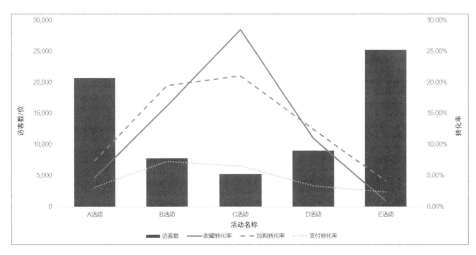

图6-19　图表参考效果

（8）以活动名称、新访客占比、新收藏占比和新加购占比等数据为数据源，创建折线图，并按照步骤（7）中的方式对图表进行设置和美化，效果如图6-20所示（配套资源：\效果文件\项目六\活动推广效果.xlsx）。由图6-20可知，B活动的新访客占比较高，结合前面的推广效果分析，可知该活动在后期会吸引到更多的流量，由于其收藏转化率、加购转化率和支付转化率等指标表现较好，因此可知该活动具有巨大潜力。另外，A活动、E活动的新收藏占比和新加购占比较高，说明这两种活动会吸引到更多的流量，应侧重改善其各项转化率指标。C活动、D活动的拉新效果不太理想，但考虑到这两个活动的转化率指标表现不差，因此可以想办法提高活动的曝光率，强化引流效果。

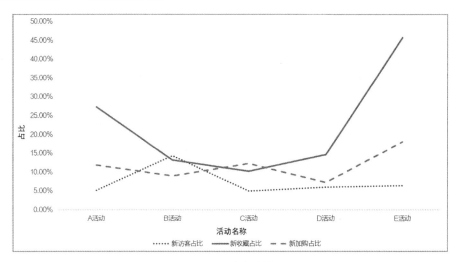

图6-20　图表参考效果

任务四 分析利润数据

　　企业对这段时间的销售成绩还是比较满意的，小米按照领导的要求，继续分析这段时间的利润数据，一方面可以总结销售成绩，另一方面可以预测下半年的利润。

一、分析利润与利润率

　　就会计学而言，利润指的是企业在一定会计期间内所取得的经营成果，利润率则是用来比较不同商品形式的利润水平、确定增量销售的价值、指引定价和促销策略的指标。对于商务数据分析，特别是线上店铺的商务数据分析而言，可以将这两个概念简单理解为以下意思。图 6-21 所示为某店铺的利润数据。

　　（1）利润：指收入与成本的差额。就图 6-21 而言，其计算公式为：利润 = 成交金额 − 总成本。

　　（2）利润率：包括销售利润率、成本利润率等，用于衡量销售、成本等项目的价值转化情况。图 6-21 中的利润率为销售利润率，其计算公式为：销售利润率 = 利润 ÷ 成交金额 ×100%。此外，成本利润率的计算公式为：成本利润率 = 利润 ÷ 总成本 ×100%。

月份	成交量/件	平均成交价格/元	成交金额/元	总成本/元	利润/元	利润率
10月	856	154.70	132,423.20	82,574.00	49,849.20	37.64%
11月	1005	156.40	157,182.00	90,630.00	66,552.00	42.34%
12月	695	134.30	93,338.50	64,448.00	28,890.50	30.95%

图6-21　某店铺的利润数据

🎓 **小提示**

销售利润率是一定时期的销售利润总额与销售收入总额的比例，它表明单位销售收入获得的利润，侧重反映销售收入和利润的关系；成本利润率是一定时期的销售利润总额与销售成本总额的比例，它表明单位销售成本获得的利润，侧重反映销售成本和利润的关系。

下面利用收集并整理好的销售和成本数据，分析各商品类目的利润与利润率情况，具体操作如下。

（1）打开"利润与利润率.xlsx"文件（配套资源：\素材文件\项目六\利润与利润率.xlsx），在F1单元格中输入"利润/元"，选择F2:F5单元格区域，在编辑栏中输入"=B2-C2-D2-E2"，按【Ctrl+Enter】组合键计算各商品类目的利润，结果如图6-22所示。

微课视频

利润与利润率分析

	A	B	C	D	E	F	G	H	I
1	类目	销售总额 / 元	进货成本 / 元	推广成本 / 元	其他成本 / 元	利润 / 元			
2	休闲运动套装	389033.6	245765	42050	12040	89178.6			
3	工装制服	82154.8	60460	5200	3645	12849.8			
4	时尚套装	73832.2	45020	3890	1200	23722.2			
5	其他套装	34883.2	22650	2640	4500	5093.2			

F2　=B2-C2-D2-E2

图6-22　计算利润

（2）在G1单元格中输入"销售利润率"，选择G2:G5单元格区域，在编辑栏中输入"=F2/B2"，按【Ctrl+Enter】组合键计算各商品类目的销售利润率，结果如图6-23所示。

项目六

图6-23　计算销售利润率

（3）在 H1 单元格中输入"成本利润率"，选择 H2:H5 单元格区域，在编辑栏中输入"=F2/SUM(C2:E2)"，按【Ctrl+Enter】组合键计算各商品类目的成本利润率，结果如图 6-24 所示。

图6-24　计算成本利润率

（4）以所有数据为数据源创建数据透视表，将"类目"字段添加到"行"列表框中，将"利润/元""销售利润率""成本利润率"字段添加到"值"列表框中，如图 6-25 所示。

图6-25　创建数据透视表

（5）在数据透视表的基础上创建数据透视图，类型为组合图，其中利润对应的图表类型为簇状柱形图，销售利润率和成本利润率对应的图表类型均为折线图，为次坐标轴。为图表应用"布局4"布局样式，将字体格式设置为"方正兰亭纤黑简体，10 号"，删除数据标签，将两条折线设置为不同的格式以便于区分，适当调整图表大小，效果如图 6-26 所示（配套资源：\ 效果文件 \ 项目六 \ 利润与利润率 .xlsx）。由图 6-26 可知，企业的利润主要来源于休闲运动套装类目，但从利润率来看，时尚套装的销售利润率与成本利润率都是最高的，说明该商品类目为取得利润付出的代价更小，成本费用控制得更好，盈利能力更强，是有更大利润空间的类目，应加强对该商品类目的推广、引流和销售等工作。

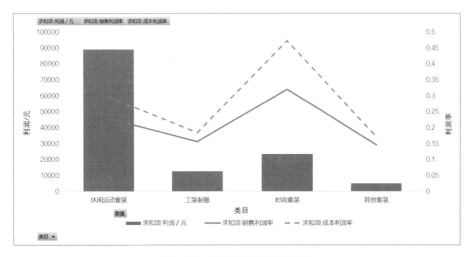

图6-26　数据透视图参考效果

二、预测利润数据

预测和分析利润数据，不仅可以有针对性地进行营销来提高销量，还能科学地降低成本，做到开源、节流两不误。预测数据最简单的方法是线性预测法，该方法常通过一个变量来预测另一个变量的变化趋势，例如，根据企业设定的目标成交量来预测可能产生的成本。

在 Excel 中，可以利用 TREND 函数来进行线性预测。TREND 函数的语法格式为 TREND(known_y's, [known_x's], [new_x's], [const])。各参数的作用如下。

（1）known_y's：关系表达式 $y=mx+b$ 中已知的 y 值集合。

（2）known_x's：关系表达式 $y=mx+b$ 中已知的可选 x 值集合。

（3）new_x's：函数 TREND 返回对应 y 值的新 x 值。

（4）const：是否将常量 b 强制设为 0，此参数非必要，可以省略。

下面利用上半年的销售和成本数据，以及下半年的销售目标，预测下半年的各项成本和利润，具体操作如下。

（1）打开"利润数据预测 .xlsx"文件（配套资源：\ 素材文件 \ 项目六 \ 利润数据预测 .xlsx），选择 C8 单元格，单击编辑栏中的"插入函数"按钮 f_x，打开"插入函数"对话框，在上方的文本框中输入"TREND"，单击 转到(G) 按钮，Excel 将在函数库中快速找到 TREND 函数，单击 确定 按钮打开"函数参数"对话框，在其中设置各参数对应的单元格区域后，单击 确定 按钮，如图 6-27 所示。

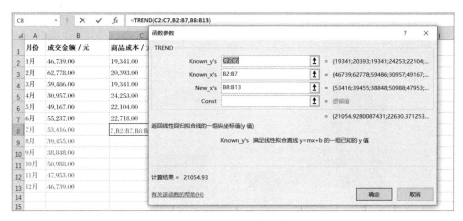

图6-27　设置函数参数

（2）向右拖曳 C8 单元格右下角的填充柄至 E8 单元格，然后向下拖曳填充柄至 E13 单元格，快速填充公式，结果如图 6-28 所示。

图6-28　填充公式

（3）选择 F2:F13 单元格区域，在编辑栏中输入"=B2-SUM(C2:E2)"，按【Ctrl+Enter】组合键计算各月份的利润，结果如图 6-29 所示。由图 6-29 可知，7 ～ 12 月中，7 月的成交金额和利润最高，投入的推广成本也最多，9 月的成交金额和利润最低，但投入的推广成本和固定成本也较低。

	F2	▼ ⋮ × ✓ fx	=B2-SUM(C2:E2)			
▲	A	B	C	D	E	F	G	H
1	月份	成交金额 / 元	商品成本 / 元	推广成本 / 元	固定成本 / 元	利润 / 元		
2	1月	46,739.00	19,341.00	8,881.00	6,313.00	12,204.00		
3	2月	62,778.00	20,393.00	9,341.00	9,630.00	23,414.00		
4	3月	59,486.00	19,341.00	7,323.00	5,457.00	27,365.00		
5	4月	30,957.00	24,253.00	5,481.00	6,313.00	−5,090.00		
6	5月	49,167.00	22,104.00	8,551.00	10,058.00	8,454.00		
7	6月	55,237.00	22,718.00	7,806.00	8,560.00	16,153.00		
8	7月	53,416.00	21054.93	8032.41	7827.23	16501.43		
9	8月	39,455.00	23286.95	7044.16	7216.83	1907.06		
10	9月	38,848.00	23380.81	6979.60	7149.08	1338.51		
11	10月	50,988.00	22161.09	7843.58	8422.99	12560.34		
12	11月	47,953.00	22441.79	7714.28	8213.47	9583.46		
13	12月	46,739.00	22588.57	7533.20	7856.90	8760.34		
14								

图6-29　计算利润

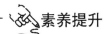 素养提升

　　数据虽然具有回顾历史、总结现在、预测未来的作用，但并不是万能的，特别是对数据预测而言，其预测的结果不可能完全准确，因为未来具有不确定性。就商业运营而言，采取的策略、投入的成本、执行的完成度等，都会影响数据结果。因此，我们可以借助数据来预测结果，但不能完全依赖预测结果。

任务实训

　　企业采集了另一个电商平台的销售数据，小米需要对其中的交易数据、推广数据进行分析，以掌握企业近段时间的销售情况，也借此了解该电商平台的特点，以便在后续的工作中充分发挥出销售优势。

一、分析交易数据

【实训背景】

　　小米获取了企业近一个月在该电商平台的交易数据，包括销量、销售额、访客数、交易客户数等，她需要分析出企业在这个月的交易趋势和交易转化率情况。

微课视频

交易数据分析

项目六

【实训要求】

（1）通过销量数据和销售额数据分析近一个月的交易趋势。

（2）计算出交易转化率并分析交易转化率情况。

【实训思路】

（1）打开"交易数据 .xlsx"文件（配套资源：\素材文件\项目六\任务实训\交易数据 .xlsx），利用"交易转化率＝交易客户数/访客数"的公式计算出每日的交易转化率，结果如图 6-30 所示。

	A	B	C	D	E	F	G	H	I
1	日期	销量/件	销售额/元	访客数/位	交易客户数/位	交易转化率			
2	10月29日	317	15107	3391	299	8.8%			
3	10月30日	311	17883	3327	297	8.9%			
4	10月31日	884	296167	9458	850	9.0%			
5	11月1日	481	155645	5146	426	8.3%			
6	11月2日	3627	882106	38808	3419	8.8%			
7	11月3日	1202	385248	12861	956	7.4%			
8	11月4日	328	104854	3509	296	8.4%			
9	11月5日	461	149867	4932	407	8.3%			
10	11月6日	133	47178	1423	120	8.4%			
11	11月7日	86	30351	920	107	11.6%			
12	11月8日	80	24070	856	75	8.8%			
13	11月9日	38	10314	406	37	9.1%			
14	11月10日	296	80452	3167	276	8.7%			

F2 =E2/D2

图6-30　计算交易转化率

（2）以所有数据为数据源创建数据透视表，将"日期"字段添加到"行"列表框中，将"销售额/元"和"销量/件"字段添加到"值"列表框中，在此基础上创建并美化组合图，其中销量对应的图表类型为折线图，为次坐标轴，效果如图 6-31 所示。通过图表分析近一个月的交易趋势。

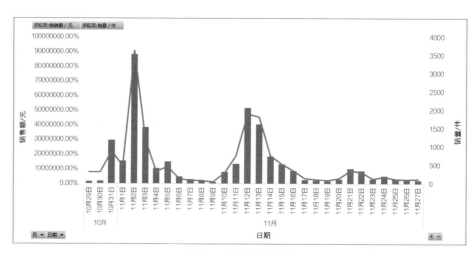

图6-31　图表参考效果

（3）将"销售额/元"和"销量/件"字段删除,重新在"值"列表框中添加"交易转化率"字段,将图表类型更改为折线图,效果如图6-32所示。通过图表分析近一个月的交易转化率情况。

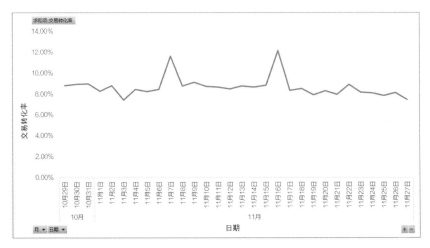

图6-32　图表参考效果

二、分析推广数据

【实训背景】

企业将近7日参与的各种活动的数据交给了小米,希望小米能够充分利用这些数据分析出优质的推广渠道。

微课视频

推广数据分析

【实训要求】

（1）计算各活动的收藏率、加购率、下单转化率和支付转化率。

（2）分析各活动的推广效果,找出优质推广渠道。

【实训思路】

（1）打开"推广数据.xlsx"文件（配套资源:\素材文件\项目六\任务实训\推广数据.xlsx）,利用访客数和对应的指标计算出各活动的收藏率、加购率、下单转化率、支付转化率,结果如图6-33所示。

（2）以所有数据为数据源,创建数据透视图,类型为柱形图,将"来源"字段添加到"轴（类别）"列表框中,在"值"列表框中依次添加相应的字段,然后降序排列,分析收藏率、加购率、下单转化率、支付转化率的情况,图6-34所示为支付转化率的设置效果（配套资源:效果文件\项目六\任务实训\推广数据.xlsx）,找出优质的推广渠道。

来源	访客数/位	收藏人数/位	收藏率	加购人数/人	加购率	下单买家数/位	下单转化率	支付买家数	支付转化率
淘内免费其他	688	19	2.76%	143	20.78%	84	12.21%	78	11.34%
我的淘宝	432	21	4.86%	48	11.11%	67	15.51%	61	14.12%
购物车	353	10	2.83%	93	26.35%	81	22.95%	79	22.38%
手淘搜索	255	5	1.96%	31	12.16%	4	1.57%	4	1.57%
手淘拍立淘	235	9	3.83%	24	10.21%	7	2.98%	6	2.55%
手淘首页	193	7	3.63%	28	14.51%	5	2.59%	5	2.59%
手淘旺信	39	3	7.69%	8	20.51%	12	30.77%	12	30.77%
手淘其他店铺商品详情	37	2	5.41%	8	21.62%	5	13.51%	5	13.51%
直通车	44	0	0.00%	5	11.36%	1	2.27%	0	0.00%
手淘问大家	32	0	0.00%	3	9.38%	1	3.13%	1	3.13%

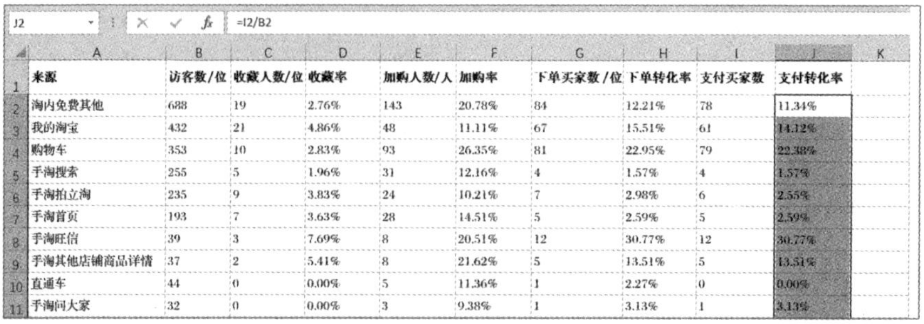

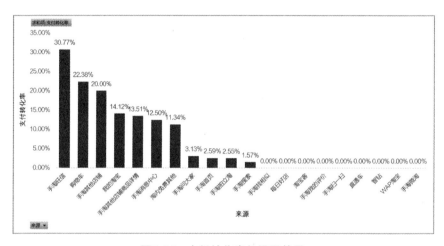

图6-33　计算数据

图6-34　支付转化率的设置效果

课后习题

1. 选择题

（1）成交总额与投入成本之比的指标称为（　　）。

A．成交投入比　　B．投入产出比

C．收入成本比　　D．成交成本比

（2）分析活动推广效果时，应重点关注的核心维度不包括（　　）。

A．流量　　B．转化

C．售后　　D．拉新

（3）下列函数中，可以通过线性预测的方法预测数据的是（　　）。

A．TREND　　B．SUM

C．IF　　D．AVERAGE

2. 判断题

（1）销售额差异分析主要是分析不同推广渠道的销售业绩，从而找出优质的推广渠道。　　　　　　　　　　　　　　　　　　　　　　　　　　　　（　　）

（2）利润与利润率实际上是相同概念的不同名称。　　　　　　　　　（　　）

（3）分析与预测未来一段时间的销售情况，得到的结果是未来必然发生的结果。　　　　　　　　　　　　　　　　　　　　　　　　　　　　　　　（　　）

3. 操作题

（1）采集近一个月的销量、销售额、交易客户数等数据（配套资源：\素材文件\项目六\课后习题\交易趋势.xlsx），分析该月整体的交易趋势，参考效果如图6-35所示（配套资源：\效果文件\项目六\课后习题\交易趋势.xlsx）。

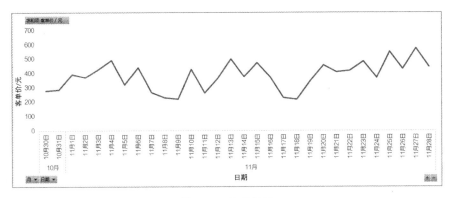

图6-35　参考效果

（2）采集淘宝联盟、直通车、引力魔方和其他推广渠道的成本、成交额等数据（配套资源：\素材文件\项目六\课后习题\推广成本.xlsx），分析各推广渠道的成本利润率，参考效果如图6-36所示（配套资源：\效果文件\项目六\课后习题\推广成本.xlsx）。

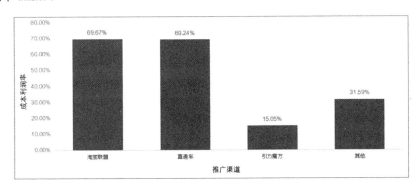

图6-36　参考效果

拓展阅读

浅析客单价

客单价指的是每一位客户平均购买商品的金额，即平均交易金额，其计算公式为：客单价＝销售额 / 成交客户数。在各大电商平台中，店铺销售额的计算公式为：销售额＝访客数 × 转化率 × 客单价。由此可见，客单价对销售额起着直接的作用。

假设某店铺在上午 11 点至 12 点的时间段共有 10 位客户产生了交易行为，交易总额为 12000 元，其中 9 位客户分别交易了 1 笔订单，1 位客户交易了 3 笔订单。那么，该店铺在该时间段的客单价应该是 1200（12000÷10）元，而 12000÷(9+3)=1000 元，这个 1000 元为笔单价，即每一笔订单的交易额。

由此可知，人均交易笔数应该为：(9+3)÷10=1.2 笔 / 人，将此结果乘以笔单价可以发现，1000×1.2=1200 元，正好是客单价。因此，笔单价与人均交易笔数的乘积就是客单价。

这样看来，客单价是由笔单价和人均交易笔数决定的。因此如果想要提升客单价，那么可以想办法提高笔单价，如提高商品定价等；也可以考虑提高人均交易笔数，常用的方法有关联销售、"凑单"等。

项目七

客户数据分析

【知识目标】

◎ 熟悉客户数据的内容和价值。

◎ 掌握客户画像、客户生命周期与忠诚度分析的方法。

◎ 熟悉分析客户价值的常用指标和模型。

【技能目标】

◎ 能够分析客户画像并打上客户标签。

◎ 能够分析并挖掘客户的价值。

【素养目标】

◎ 培养综合使用和处理数据的能力。

◎ 培养挖掘数据潜在价值的能力。

为了迎接新一轮的营销推广，企业召开了一次会议，会议中拟定收集客户的各种信息，包括年龄、性别、购物喜好、购物次数和购物金额等，然后将这些资料交给数据分析人员，由他们来完成客户数据的分析工作，挖掘不同客户的潜在价值并对客户进行分类，以实现精准推广。小米勇挑重担，在老张的带领下积极参与客户数据分析工作，力争准确又高效地完成任务。

任务一 认识客户数据

由于收集的客户数据中有一些不属于该范畴的数据，因此，为了能够正确区分客户数据，小米需要对客户数据有正确的认识。

一、客户数据的内容

客户数据是客户在体验、购物等过程中产生的数据，体现了客户自身的属性特征和行为特征。分析这些数据可以为企业的客户研究工作提供大量可供分析的第一手资料。总的来说，客户数据主要包括描述性数据和交易性数据。

1. 描述性数据

描述性数据具有一定的稳定性，主要用于描述客户的基本特征，以方便企业识别真实客户。描述性数据主要分为基本信息和行为爱好两种类型。

（1）基本信息：包括姓名、性别、出生年月、所在地区、工作类型、职位、收入水平、家庭成员情况等。

（2）行为爱好：包括购物时间段、交易时间段、是否热衷于收藏商品、是否热衷于加购商品、偏好的商品价位段、偏好的商品颜色、偏好的商品大小等。

2. 交易性数据

交易性数据记录了客户的交易行为，可以用来描述客户的交易信息，以显示"客户做过什么"。交易性数据会随着时间迅速变化，主要包括商品的购买记录、购买频率、购买数量、购买金额等。

二、客户数据的价值

在"以客户为中心"的现代商业社会，企业想要在市场中站稳脚跟并不断发展壮大，应当充分满足客户的不同需求。要想实现这一目的，企业需要掌握客户的需求特征、交易习惯、行为偏好等信息。这些信息可以通过客户数据直观地展现出来，从而帮助企业制定和调整运营策略。总的来说，客户数据的价值主要体现在以下4个方面。

（1）客户数据是客户分级的依据。客户数据可以反映客户价值，从而有助于企业对客户进行分级，如潜在客户、目标客户等，进而针对不同级别的客户采取不同的营销措施。

（2）客户数据是企业决策的基础。客户数据可以反映客户对企业品牌、商品的青睐程度和忠实程度。例如，将店铺或商品添加到收藏夹的客户，是比较喜欢该店铺或商品的客户；多次进店购买商品的客户，是对企业忠实程度较高的客户。充分掌握并分析客户数据，有助于企业策划并实施正确的决策。

（3）客户数据是加强客户互动的指南。客户数据反映了客户的商品偏好和活跃时间段，有助于企业采取更迎合客户喜好的营销措施，从而加强与客户之间的互动效果。例如,某客户喜欢简洁、大方的商品,当企业推出这类风格的商品时,便可以第一时间推荐给该客户,吸引客户关注,提升客户的忠诚度和商品的交易概率。

(4)客户数据是改进商品销售表现的"良药"。客户数据能够直观地说明客户对商品各方面的要求。例如,客户评价数据体现了商品的优势,企业可以汇总这些评价数据,了解商品的优缺点,为新商品的改进提供有力支持。

小提示

客户在线上店铺浏览或购买商品后,会留下相应的数据,如昵称、收藏记录、交易记录等,这些数据往往会留存在商务平台中,企业可以通过访问商务平台来获取。例如,淘宝网中的店铺就可以通过千牛卖家中心获取客户数据。如果想获取更加全面的客户数据,企业可以使用专门的客户关系管理软件来获取。这类软件的功能更加完善和强大,但往往需要付费订购才能使用。目前市场上的CRM软件有很多,各自侧重的功能也不一样。图7-1所示为某CRM软件的工作界面。

图7-1 某CRM软件的工作界面

任务二 分析客户画像并打上客户标签

在老张的帮助下,小米了解了客户数据的内容和价值,并按照要求完成了客户数据的整理工作。接下来，小米将在老张的带领下，对客户数据进行画像分析，并打上客户标签，明确客户特征，以帮助企业制订出有效的营销和推广计划。

一、分析客户画像

客户画像是企业通过收集与分析客户的社会属性、生活习惯、消费行为等各方面的数据后，抽象出来的客户特征。换句话说，客户画像就是企业通过多个维度对客户特征进行描述后的结果。客户画像为企业提供了足够的信息基础，能够帮助企业快速、精准找到匹配的客户群体，了解客户的各种需求。

微课视频

客户画像分析

为了分析出较为完整的客户画像，小米将客户的姓名、性别、年龄、所在地、购物次数、下单时间、购物总金额等数据整理到Excel 文件中，下面她将借助 Excel 中的计算、图表等功能，完成客户画像的分析任务，具体操作如下。

（1）打开"客户画像 .xlsx"文件（配套资源:\ 素材文件 \ 项目七 \ 客户画像 .xlsx），在 E 列前插入一列，并在插入后的 D1 单元格中输入"年龄阶段 / 岁"，选择 D2:D61 单元格区域,在编辑栏中输入"=IF(C2<20,"20 岁以下 ",IF(C2<31,"20~30 岁 ","30岁以上 "))"，按【Ctrl+Enter】组合键返回年龄阶段的判断结果，结果如图 7-2 所示。

	A	B	C	D	E	F	G	H	I	J
1	客户姓名	性别	年龄/岁	所在地	年龄阶段/岁	购物次数/次	下单时间/24小时制	购物总金额/元		
2	李妍	女	19	沿海地区	20以下	1	19	218.0		
3	徐允和	男	21	沿海地区	20~30	1	21	221.0		
4	安月	女	32	沿海地区	30以上	1	23	254.0		
5	葛亮芳	女	25	中部地区	20~30	1	4	260.0		
6	倪霞瑗	女	31	沿海地区	30以上	3	15	669.0		
7	蔡可	男	19	沿海地区	20以下	3	15	648.0		
8	姜梦瑶	女	27	沿海地区	20~30	1	17	183.0		
9	汪娟昭	女	26	沿海地区	20~30	2	18	432.0		
10	茅彤	女	23	沿海地区	20~30	1	5	260.0		
11	钱飘茹	女	19	中部地区	20以下	1	0	230.0		
12	路嘉	女	24	中部地区	20~30	3	15	612.0		
13	何沫依	女	21	沿海地区	20~30	3	14	741.0		
14	俞瑛策	女	21	沿海地区	20~30	1	14	263.0		
15	章茜	女	26	沿海地区	20~30	1	16	188.0		
16	邹德	男	30	沿海地区	20~30	3	15	861.0		
17	禹寒纯	男	27	沿海地区	20~30	3	20	771.0		
18	常悦斌	男	21	沿海地区	20~30	3	6	720.0		
19	马萱聪	女	24	中部地区	20~30	2	16	378.0		
20	汤香茗	女	28	沿海地区	20~30	3	14	795.0		
21	平聪竹	男	20	沿海地区	20~30	2	2	568.0		
22	贝克	男	26	中部地区	20~30	2	1	566.0		
23	胡锦	男	30	沿海地区	20~30	2	3	442.0		
24	华文	男	20	沿海地区	20~30	3	10	540.0		

图7-2　根据客户年龄划分年龄阶段

（2）按照相同的思路，在 I1 单元格中输入"购物层级 / 元"，选择 I2:I61 单元格区域，在编辑栏中输入"=IF(H2<200,"200 以下 ",IF(H2<401,"200~400",IF(H2<601,

"400~600","600 以上 ")))"，按【Ctrl+Enter】组合键返回购物层级的判断结果，结果如图 7-3 所示。

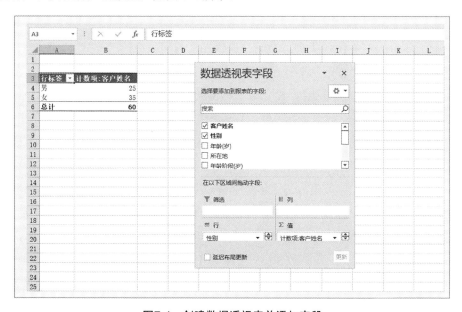

I2 ⋮ × ✓ fx =IF(H2<200,"200以下",IF(H2<401,"200~400",IF(H2<601,"400~600","600以上")))

	客户姓名	性别	年龄/岁	所在地	年龄阶段/岁	购物次数/次	下单时间/24小时制	购物总金额/元	购物层级/元	
2	李妍	女	19	沿海地区	20以下	1	19	218.0	200~400	
3	徐允和	男	21	沿海地区	20~30	1	21	221.0	200~400	
4	安月	女	32	沿海地区	30以上	1	23	254.0	200~400	
5	葛亮芳	女	25	中部地区	20~30	1	4	260.0	200~400	
6	倪霞瑗	女	31	沿海地区	30以上	3	15	669.0	600以上	
7	蔡可	男	19	沿海地区	20以下	3	15	648.0	600以上	
8	姜梦瑶	女	27	沿海地区	20~30	1	17	183.0	200以下	
9	汪娟昭	女	26	沿海地区	20~30	2	18	432.0	400~600	
10	茅彤	女	23	沿海地区	20~30	1	5	260.0	200~400	
11	钱麒萄	女	19	沿海地区	20以下	1	0	230.0	200~400	
12	路嘉	男	24	中部地区	20~30	3	15	612.0	600以上	
13	何沫依	女	21	沿海地区	20~30	3	14	741.0	600以上	
14	俞璃策	女	21	沿海地区	20~30	1	14	263.0	200~400	
15	章曹	女	26	沿海地区	20~30	1	16	188.0	200以下	
16	邹德	男	30	沿海地区	20~30	3	1	861.0	600以上	
17	禹泰纯	男	27	沿海地区	20~30	2	20	771.0	600以上	
18	常悦斌	男	21	沿海地区	20~30	3	6	720.0	600以上	
19	马营聪	男	24	中部地区	20~30	2	16	378.0	200~400	
20	汤香茗	女	28	沿海地区	20~30	3	14	795.0	600以上	
21	平聪竹	男	20	沿海地区	20~30	2	2	568.0	400~600	
22	贝克	男	26	中部地区	20~30	2	1	566.0	400~600	

图7-3　根据购物总金额划分购物层级

（3）以当前所有数据为数据源，在新工作表中创建数据透视表，将"性别"字段添加到"行"列表框中，将"客户姓名"添加到"值"列表框中，自动统计出男性客户和女性客户的数量，如图 7-4 所示。

图7-4　创建数据透视表并添加字段

（4）以当前数据透视表为数据源创建数据透视图，类型为簇状柱形图，为其应用"布局4"布局样式和"样式7"图表样式，删除图例，将字体格式设置为"方正兰亭纤黑简体，10号"，然后适当调整图表大小，效果如图7-5所示。由图7-5可知，企业的客户以女性客户居多，但男女数量的差距较小，说明企业能够同时迎合男性客户和女性客户的喜好。

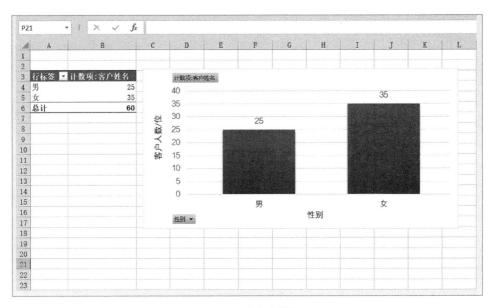

图7-5　图表参考效果

（5）将数据透视图的类型修改为二维饼图，为图表应用"样式4"图表样式，将字体格式设置为"方正兰亭纤黑简体，10号"，删除图例，添加数据标签"类别名称、百分比、显示引导线"，设置数据标签的数字类别为"1位小数的百分比"，然后将数据标签拖曳至数据系列外侧，显示出引导线，效果如图7-6所示。由图7-6可知，女性客户占比为58.3%，男性客户占比为41.7%，二者的差距较小，可以考虑策划一些针对男性客户的运营方案。

（6）将"性别"字段更改为"年龄阶段/岁"字段，将图表类型更改为簇状条形图，为图表应用"样式5"图表样式，将字体格式设置为"方正兰亭纤黑简体，10号"，取消选中数据标签内容中的"类别名称"复选框，效果如图7-7所示。由图7-7可知，企业客户的年龄以20～30岁为主。对企业而言，一方面应该继续销售这类客户喜爱的商品，同时也需要通过市场调查等方式，开发其他年龄阶段客户喜爱的商品，进一步吸引更多的客户。

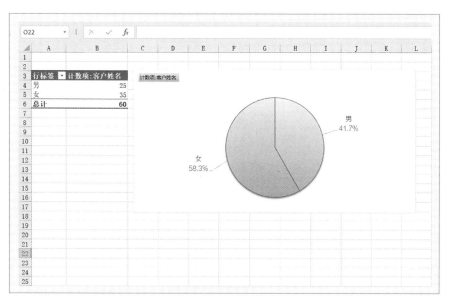

图7-6 客户性别占比情况

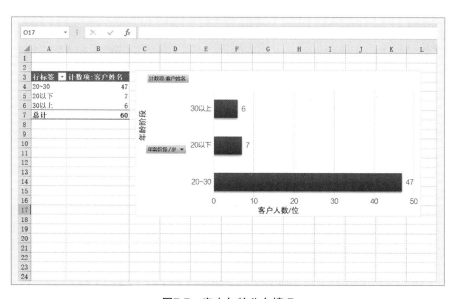

图7-7 客户年龄分布情况

（7）将"年龄阶段 / 岁"字段更改为"所在地"字段，效果如图7-8所示。由图7-8可知，企业的客户所在地分布有明显的地域特征，沿海地区的客户占比最多，中部地区次之，西部地区和北方地区的客户则相对少，结合前面客户性别的分析结果，企业可以考虑适当增加商品种类，上架一些受更多地区的客户喜爱的商品，使商品布局更加多元化。

项目七

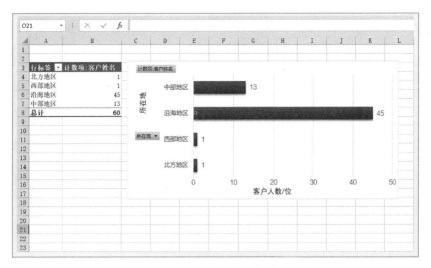

图7-8　客户所在地分布情况

（8）将"所在地"字段更改为"购物层级 / 元"字段，效果如图 7-9 所示。由图 7-9 可知，客户的消费金额绝大部分在 200 元以上，200 ～ 400 元、600 元以上购物层级的客户数量较多，说明用户的购物意愿较为强烈。

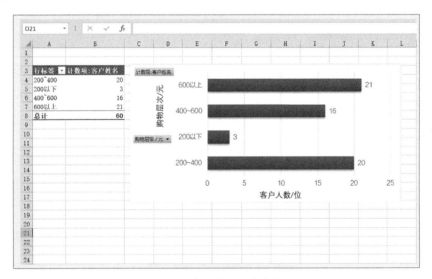

图7-9　客户购物层级分布情况

（9）将"购物层级 / 元"字段更改为"购物次数 / 次"字段，效果如图 7-10 所示。由图 7-10 可知，购物超过 1 次的客户居多，其中有 17 人完成了 2 次购物，有 22 人完成了 3 次购物，这充分说明企业在商品、服务等各方面都能够使客户满意，因此发生多次购物行为。

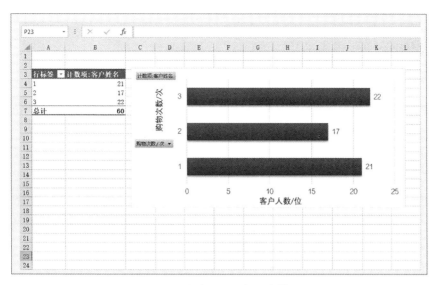

图7-10　客户购物次数分布情况

（10）将"购物次数 / 次"字段更改为"下单时间 /24 小时制"字段，将图表类型更改为簇状柱形图，效果如图 7-11 所示（配套资源：\ 效果文件 \ 项目七 \ 客户画像 .xlsx）。由图 7-11 可知，客户多在 18 点、21 点和 23 点完成交易，企业应当利用好 18 点到 23 点这一黄金购物时间段，如在该时间段上架新品、推出若干优惠或减免活动等，进一步发挥该时间段的热度。

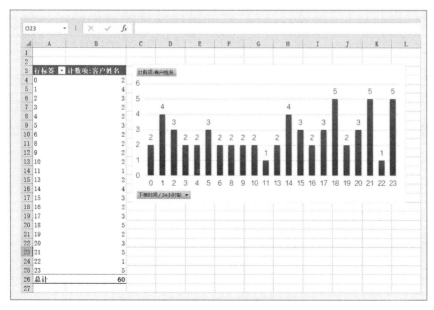

图7-11　客户下单时间分布情况

二、打上客户标签

老张告诉小米，客户标签可以理解为具有某种特征的客户群体标志，为客户打标签的目的主要是方便企业记忆、识别和查找客户，以实现精准推广。接下来小米需要按照老张的要求为客户打上正确的标签。

客户画像需要通过不同的维度来衡量，每一个维度可以包含多种客户属性，而每一种属性对应不同的属性值，这些属性值构成了客户标签设计的基础。就小米所在的男装套装企业而言，客户购物偏好便是客户画像的一个维度，而购物偏好又包括多种属性，如价格偏好、物流偏好、风格偏好、领型偏好、衣长偏好等。各种属性又具有各自的属性值，就风格和领型而言，风格的属性值包括青春、休闲、活力、简约、复古、潮流等；领型的属性值包括连帽、圆领、立领、翻领、V领等。表7-1所示为小米以风格和领型两个属性为基础设计出的客户标签。

表 7-1　客户标签

风格	领型				
	连帽	圆领	立领	翻领	V领
青春	连帽青春	圆领青春	立领青春	翻领青春	V领青春
休闲	连帽休闲	圆领休闲	立领休闲	翻领休闲	V领休闲
活力	连帽活力	圆领活力	立领活力	翻领活力	V领活力
简约	连帽简约	圆领简约	立领简约	翻领简约	V领简约
复古	连帽复古	圆领复古	立领复古	翻领复古	V领复古
潮流	连帽潮流	圆领潮流	立领潮流	翻领潮流	V领潮流

这样，如果客户年龄为20岁以下，且喜欢购买简约、青春风格的连帽套装，就可以为其打上"连帽简约""连帽青春"的标签。当客户咨询时，可以根据客户标签，有针对性地为客户推广喜爱的商品，提高客户的购物体验和交易转化率。

🎓 小提示

为客户打上标签后，如果客户产生了交易行为，那么通过查询交易商品对应的客户及其标签，也能掌握畅销商品所具备的标签特征，有利于企业更好地进行商品布局。

任务三　分析客户生命周期与忠诚度

为了更深入地掌握客户的购物和交易情况，小米将利用手上的数据分析客户生命周期与忠诚度，以便企业管理客户，使企业与客户之间形成长期、稳定的良性关系。

一、分析客户生命周期

客户生命周期是对客户在不同时期表现出来的总体特征的动态描述。分析客户生命周期，有助于企业采取合适的营销策略。一般来说，客户按生命周期可分为新客户、活跃客户、睡眠客户、流失客户等。

为了区别于普通客户，这里将客户指定为会员客户。其中，新客户表示刚成为会员且至少产生过一次交易行为的客户；活跃客户表示近3个月有过交易行为的会员客户；睡眠客户表示最后一次在店铺产生交易行为的时间距离现在已经很久（这里指定为近6个月）的会员客户；流失客户表示最后一次在店铺产生交易行为的时间距离现在至少间隔一年的会员客户。

小米将重点分析活跃客户、睡眠客户和流失客户，并在分析过程中使用TODAY函数、COUNTIF函数等来计算客户最近一次产生购物行为至今的时间间隔，根据时间间隔来划分不同的客户生命周期，统计各生命周期中客户数量的占比情况，具体操作如下。

微课视频

客户生命周期
分析

（1）打开"客户生命周期.xlsx"文件（配套资源：\素材文件\项目七\客户生命周期.xlsx），选择I2:I61单元格区域，在编辑栏中输入"=TODAY()-H2"，按【Ctrl+Enter】组合键计算客户最近一次产生购物行为至今的时间间隔（需将数字类型设置为"常规"），结果如图7-12所示。

客户姓名	性别	年龄/岁	所在地	购物次数/次	下单时间/24小时制	购物总金额/元	上次购物时间	时间间隔/天	
李妍	女	19	沿海地区	1	19	218.0	2022/5/11	174	
徐允和	男	21	沿海地区	1	21	221.0	2022/10/14	18	
安月	女	32	沿海地区	1	23	254.0	2022/2/26	248	
葛亮芳	女	25	中部地区	1	4	260.0	2022/3/30	216	
倪葭暖	女	31	沿海地区	3	15	669.0	2022/10/7	25	
蔡可	男	19	沿海地区	3	15	648.0	2022/1/10	295	
姜梦福	女	27	沿海地区	1	17	183.0	2022/4/21	194	
汪姻照	女	26	沿海地区	2	18	432.0	2022/6/14	140	
茅彤	女	23	沿海地区	1	20	260.0	2022/4/19	237	
钱飘茹	男	24	沿海地区	1	0	230.0	2022/4/19	196	
路嘉	男	24	中部地区	3	15	612.0	2022/9/3	59	
何沫依	女	21	沿海地区	3	14	741.0	2022/1/12	293	
俞瑛策	女	21	沿海地区	1	14	263.0	2022/6/5	149	
章茜	女	21	沿海地区	1	16	188.0	2022/8/22	71	
邹德	男	30	沿海地区	3	1	861.0	2022/7/7	117	
禹棻纯	女	27	沿海地区	3	20	771.0	2022/8/16	77	
常悦斌	男	22	沿海地区	3	6	720.0	2022/5/14	171	
马莹聪	男	24	中部地区	2	16	378.0	2022/8/20	73	
汤香若	女	28	沿海地区	3	14	795.0	2022/1/13	292	
平聪竹	男	20	沿海地区	2	2	568.0	2022/5/20	165	
贝克	女	26	中部地区	2	1	566.0	2022/8/13	80	
胡锦	男	25	沿海地区	2	3	442.0	2022/2/21	253	
华文	男	20	沿海地区	3	10	540.0	2022/10/27	5	

图7-12　计算客户最近一次产生购物行为至今的时间间隔

（2）在 K2:K4 单元格区域中分别输入"活跃客户""睡眠客户""流失客户"，选择 L2 单元格，在编辑栏中输入"=COUNTIF(I2:I61,"<=90")"，按【Ctrl+Enter】组合键统计时间间隔在 90 天之内的活跃客户的数量，结果如图 7-13 所示。

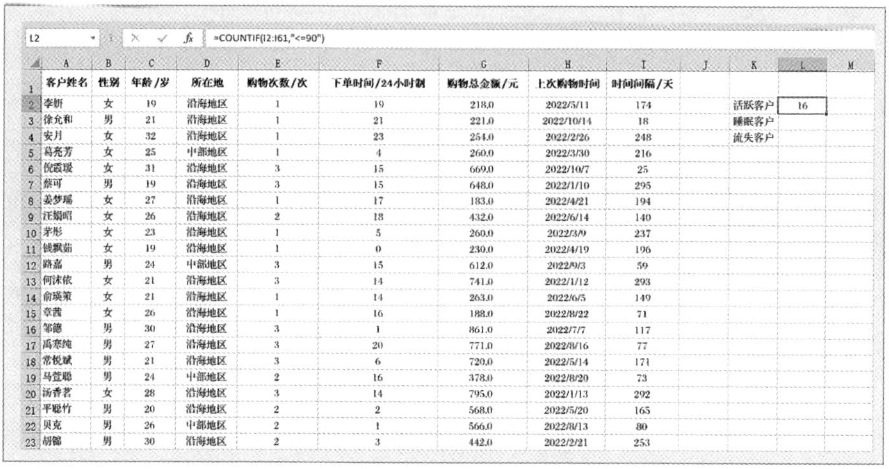

图7-13　统计活跃客户的数量

（3）按照相同的方法在 L3 单元格中输入"=COUNTIF(I2:I61,"<=180")-L2"，统计时间间隔在 180 天之内的睡眠客户的数量；在 L4 单元格中输入"=COUNTIF(I2:I61,">=365")"，统计时间间隔在 365 天（含）以上的流失客户的数量，结果如图 7-14 所示。

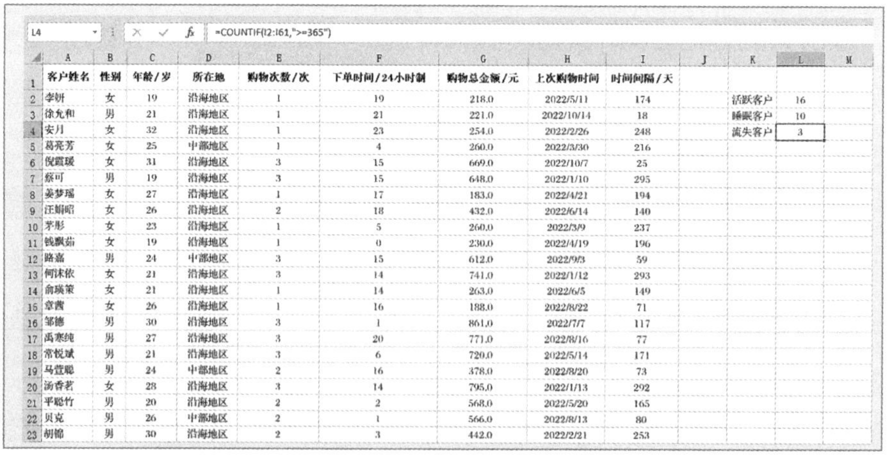

图7-14　统计睡眠客户和流失客户的数量

（4）以 K2:L4 单元格区域为数据源创建三维饼图，为图表应用"布局 4"布局样式和"样式 8"图表样式，将字体格式设置为"方正兰亭纤黑简体"，取消字体加粗状态，适当调整图表大小，设置数据标签格式为"类别名称、百分比、显示引导线、包含 1 位小数的百分比"，并拖曳数据标签显示出引导线，效果如图 7-15 所示（配套资源：\ 效果文件 \ 项目七 \ 客户生命周期 .xlsx）。由图 7-15 可知，活跃客户的占比为 55.2%，睡眠客户的占比为 34.5%，流失客户的占比为 10.3%，说明企业超过一半的客户都处于活跃阶段，反映了企业在经营方面采取了多种有效措施，使客户在近期都有购物行为。另外，睡眠客户的占比接近 35%，企业应将近期推广重点放在如何"唤醒"睡眠客户上，如通过邮件、电话、短信、微信等渠道推送最新的优惠活动，使睡眠客户能够充分了解店铺的最新动态，并重新产生进店购物的兴趣。

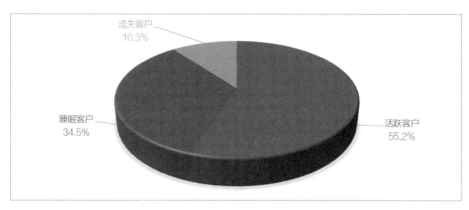

图7-15   创建并设置三维饼图

二、分析客户忠诚度

客户忠诚度指的是客户出于对企业或商品的偏好而产生重复购买行为的程度。影响客户忠诚度的指标较多，其中购买次数、重复购买率是较为常用的两个指标。重复购买率的计算需要用到购买次数指标，计算方法主要有以下两种。

（1）重复购买率 = 重复购买客户数量 / 客户样本数量。假设客户样本为 100，其中 50 人重复购买（不考虑重复购买了几次），则此时重复购买率 =50÷100×100%=50%。

（2）重复购买率 = 客户购买次数（或交易次数）/ 客户样本数量。假设客户样本为 100 人，其中 50 人重复购买，这 50 人中有 35 人重复购买 1 次（即购买 2 次），有 15 人重复购买 2 次（即购买 3 次），则此时重复购买率 =(35×1+15×2)÷100×100%=65%。

小米将利用客户姓名、性别和购物次数这几个指标，计算男性客户和女性客户的重复购买率，进而分析不同性别客户的忠诚度情况，具体操作如下。

项目七

（1）打开"客户忠诚度 .xlsx"文件（配套资源：\ 素材文件 \ 项目七 \ 客户忠诚度 .xlsx），在【数据】/【排序和筛选】组中单击"排序"按钮，打开"排序"对话框，在"主要关键字"下拉列表中选择"性别"选项，单击 添加条件(A) 按钮，在"次要关键字"下拉列表中选择"购物次数（次）"选项，在"次序"栏的下拉列表中选择"降序"选项，单击 确定 按钮，如图 7-16 所示。

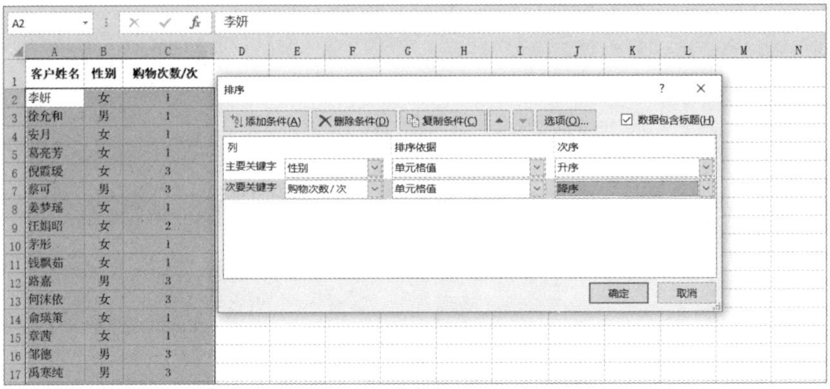

图7-16　设置排序条件

（2）在 E2 单元格和 E3 单元格中分别输入"男性客户重复购买率"和"女性客户重复购买率"，选择 F2 单元格，在编辑栏中输入"=(COUNT(C2:C12)*2+COUNT(C13:C20))/100"，按【Ctrl+Enter】组合键计算结果；选择 F3 单元格，在编辑栏中输入"=(COUNT(C27:C37)*2+COUNT(C38:C46))/100"，按【Ctrl+Enter】组合键计算结果，结果如图 7-17 所示（配套资源：\ 效果文件 \ 项目七 \ 客户忠诚度 .xlsx）。由图 7-17 可知，男性客户的忠诚度略低于女性客户的忠诚度，但差距较小。

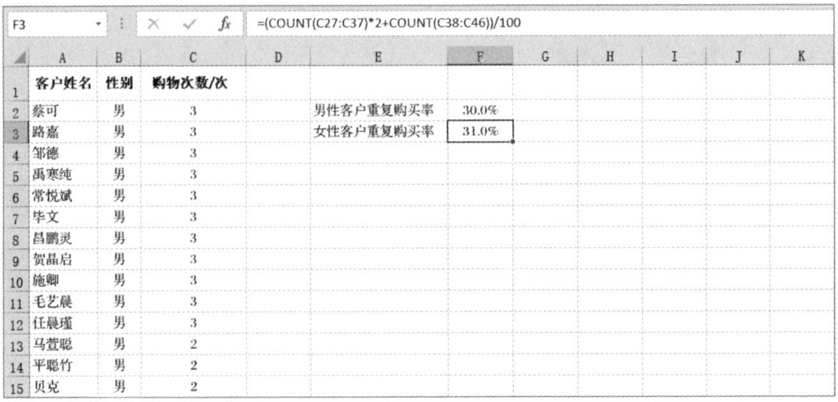

图7-17　计算男女客户的重复购买率

任务四 分析与挖掘客户价值

为了进一步了解每一位客户的潜在价值，小米还需要借助客户价值的六大指标和 RFM 模型对客户数据进行深入挖掘，充分了解每一位客户的购买力、价格接受度等情况，也便于细分客户类型，使企业能够根据不同类型的客户调整并采取营销推广和维护等措施。

一、客户价值的六大指标

客户价值的六大指标分别是最近一次消费时间、消费频率、消费金额、最大单笔消费金额、特价商品消费占比、最高单价商品消费占比。前两种指标可以衡量客户的忠诚度；第 3 种和第 4 种指标可以衡量客户的购买力；最后两种指标可以衡量客户的价格接受度。

（1）最近一次消费时间：此指标需要与当前时间相减，从而转换为客户最近一次消费时间与当前时间的时间间隔。时间间隔越短，指数越高；时间间隔越长，指数越低。

（2）消费频率：指客户在指定时期内重复购买的次数。次数越多，指数越高；次数越少，指数越低。

（3）消费金额：指客户在指定时期内的消费金额。金额越大，指数越高；金额越小，指数越低。

（4）最大单笔消费金额：指客户在指定时期内的最大单笔消费金额。金额越大，指数越高；金额越小，指数越低。

（5）特价商品消费占比：指客户在指定时期内消费特价商品的金额与其消费总金额之比。比值越大，指数越高；比值越小，指数越低。

（6）最高单价商品消费占比：指客户在指定时期内消费最高单价商品的数量与消费所有商品的数量之比。比值越大，指数越高；比值越小，指数越低。

为方便分析，小米提前将客户价值的六大指标数据转换为指数，接下来，她将利用雷达图来完成这项分析工作，具体操作如下。

（1）打开"客户价值六大指标.xlsx"文件（配套资源：\素材文件\项目七\客户价值六大指标.xlsx），查看指数，如图 7-18 所示。

微课视频

客户价值的
六大指标

| A1 | ▼ | : | × | ✓ | fx | 客户名称 |

	A	B	C	D	E	F	G	H
1	客户名称	最近一次消费时间（指数）	消费频率（指数）	消费金额（指数）	最大单笔消费金额（指数）	特价商品消费占比（指数）	最高单价商品消费占比（指数）	
2	席韵文	5	4	1	2	2	1	
3	茅彤	1	2	5	5	3	2	
4	苏亚伊	1	3	2	2	1	1	
5								
6								
7								
8								

图7-18　转换为指数的客户数据

🎓 **小提示**

在进行指数的转换时可根据实际情况划分层级，如消费金额在5000元以上的指数为"5"，在3500元以上的指数为"4"，在2500元以上的指数为"3"，在1500元以上的指数为"2"，在1500元以下的指数为"1"，然后利用 IF 函数判断并返回结果。

（2）选择 A1:G2 单元格区域，以此为数据源建立第一位客户的指数雷达图，为图表应用"样式 3"图表样式，将字体格式设置为"方正兰亭纤黑简体，10 号"，适当调整图表大小，效果如图 7-19 所示。

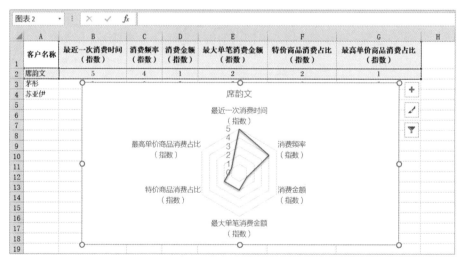

图7-19　创建并设置雷达图

（3）以 A1:G1 和 A3:G3 单元格区域为数据源建立第二位客户的指数雷达图，以 A1:G1 和 A4:G4 单元格区域为数据源建立第三位客户的指数雷达图，并按照相同的方法设置图表，效果如图 7-20 所示（配套资源：\效果文件\项目七\客户价值

六大指标 .xlsx）。由图 7-19 和图 7-20 可知，客户席韵文的忠诚度很高，但购买力低，这类客户的持续消费是企业利润的来源和基础保证；客户茅彤的购买力较强，价格接受程度较好，但忠诚度不足，可以向这类客户进行精准推荐，提高复购率；客户苏亚伊的忠诚度和购买力都比较差，但价格接受度较高，可以向这类客户推荐一些低价且彰显个性的商品。

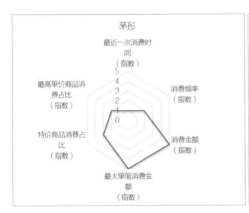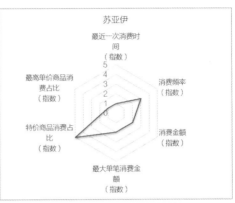

图7-20　为其余客户创建雷达图

✍️ **素养提升**

为了吸引客户，留住客户，部分企业要么进行虚假宣传，要么通过降低商品质量来降低成本，以低价来引起客户的兴趣，这些行为有可能会在短期提升店铺的业绩，但长远来看，前者会损害企业口碑，造成客户流失，后者不利于企业的健康发展。因此在经营店铺时，一定要秉着诚信的理念，以客户利益为中心，这样才能真正得到客户的认可。

二、RFM模型的应用

RFM 模型是描述客户价值状况的一种工具。该模型包含 3 个维度，分别是最近一次消费时间（Recency，对应 RFM 模型中的 R 维度）、消费频率（Frequency，对应 RFM 模型中的 F 维度）和消费金额（Monetary，对应 RFM 模型中的 M 维度），这 3 个维度恰好对应客户价值中的 3 个指标。

使用 RFM 模型挖掘客户价值，可以识别优质客户，可以指定个性化的沟通和营销服务，可以为营销决策提供有力支持。利用 RFM 模型分析客户数据时，需要采集客户名称、上次交易时间、交易总额和交易笔数等数据，然后利用这些数据得到 RFM 模型中指定的 3 个维度，并根据数据评价客户在这几个维度的表现情况，最后得到评价结果。图 7-21 所示便是某企业使用 RFM 模型细分客户类型及制定的营销策略。

R	F	M	客户细分类型	营销策略
高	高	高	重要价值客户	倾斜更多资源，如VIP服务、个性化服务、附加销售等
低	高	高	重要唤回客户	提供有用的资源，通过新的商品赢回客户
高	低	高	重要深耕客户	满足不同的要求，提供客户忠诚度计划，推荐其他商品
低	低	高	重要挽留客户	重点联系或拜访，提高留存率
高	高	低	潜力客户	通过各种优惠活动吸引客户，尝试销售价值更高的商品
高	低	低	新客户	提供免费试用，提高客户兴趣，创建品牌知名度
低	高	低	一般维持客户	使用积分制吸引客户，推荐热门商品并打折销售，与他们重新联系
低	低	低	低价值客户	恢复客户兴趣，否则暂时放弃无价值客户

图7-21　使用RFM模型细分客户类型及制定的营销策略

微课视频

RFM 模型的应用

小米接下来将利用 RFM 模型来计算出每位客户在各个维度的对应指数，然后结合 IF 函数判断出客户的细分类型，为企业提供有力的客户数据支持，具体操作如下。

（1）打开 "RFM 模型 .xlsx" 文件（配套资源:\ 素材文件 \ 项目七 \RFM 模型 .xlsx），查看相关数据，如图 7-22 所示。

	A	B	C	D	E	F	G	H	I
1	客户姓名	性别	年龄	购物次数/次	购物总金额/元	上次购物时间			
2	李妍	女	19	1	218.0	2022/5/11			
3	徐允和	男	21	1	221.0	2022/10/14			
4	安月	女	32	1	254.0	2022/2/26			
5	葛亮芳	女	25	1	260.0	2022/3/30			
6	倪霞瑷	女	31	1	669.0	2022/10/7			
7	蔡可	男	19	3	648.0	2022/1/10			
8	姜梦瑶	女	27	1	183.0	2022/4/21			
9	汪娟昭	女	26	2	432.0	2022/6/14			
10	茅彤	女	23	1	260.0	2022/3/9			
11	钱飘茹	女	19	1	230.0	2022/4/19			
12	路嘉	男	24	1	612.0	2022/9/3			
13	何沫依	女	21	1	741.0	2022/1/12			
14	俞瑛策	女	21	1	263.0	2022/6/5			

图7-22　查看数据

（2）在 G1 单元格中输入 "时间间隔 / 天"，选择 G2:G61 单元格区域，在编辑栏中输入 "=TODAY()-F2"，表示将现在的时间减去上次交易的时间，按【Ctrl+Enter】组合键计算时间间隔，结果如图 7-23 所示。

图7-23 计算时间间隔

（3）在 C62 单元格中输入"平均值"，按住【Ctrl】键加选 D62、E62、G62 单元格，在编辑栏中输入"=AVERAGE(G2:G61)"，按【Ctrl+Enter】组合键计算所有客户的平均购物次数、平均购物总金额和平均时间间隔，结果如图 7-24 所示。

图7-24 计算RFM模型各维度的平均值

🎓 **小提示**

这里使用平均值来判断 3 个维度的等级是为了便于操作。实际情况下可以根据企业自身情况来确定等级，如交易金额可以参考商品价格、时间间隔可以参考淡旺季等。

（4）在 H1、I1、J1 单元格中分别输入"R""F""M"，用于存放时间间隔、购物次数、购物总金额 3 个维度的判断结果。

（5）选择 H2:H61 单元格区域，在编辑栏中输入"=IF(G2>\$G\$62," 低 "," 高 ")"，将每位客户的时间间隔与平均时间间隔对比，大于平均时间间隔则判断为"低"，小于或等于平均时间间隔判断为"高"，按【Ctrl+Enter】组合键返回结果，结果如图 7-25 所示。

图7-25　判断R维度结果

（6）选择 I2:I61 单元格区域，在编辑栏中输入"=IF(D2>=\$D\$62," 高 "," 低 ")"，将每位客户的购物次数与平均购物次数对比，大于或等于平均购物次数则判断为"高"，小于平均购物次数则判断为"低"，按【Ctrl+Enter】组合键返回结果，结果如图 7-26 所示。

图7-26　判断F维度结果

（7）选择 J2:J61 单元格区域，在编辑栏中输入“=IF(E2>=$E$62," 高 "," 低 ")”，将每位客户的购物总金额与平均购物总金额对比，大于或等于平均购物总金额则判断为“高”，小于平均购物总金额则判断为“低”，按【Ctrl+Enter】组合键返回结果，结果如图 7-27 所示。

J2　=IF(E2>=$E$62,"高","低")

	B	C	D	E	F	G	H	I	J
1	性别	年龄	购物次数/次	购物总金额/元	上次购物时间	时间间隔/天	R	F	M
2	女	19	1	218.0	2022/5/11	174	高	低	低
3	男	21	1	221.0	2022/10/14	18	高	低	低
4	女	32	1	254.0	2022/2/26	248	低	低	低
5	女	25	1	260.0	2022/3/30	216	低	低	低
6	女	31	3	669.0	2022/10/7	25	高	高	高
7	男	19	3	648.0	2022/1/10	295	低	高	高
8	女	27	1	183.0	2022/4/21	194	低	低	低
9	女	26	2	432.0	2022/6/14	140	高	低	低
10	女	23	1	260.0	2022/3/9	237	低	低	低
11	女	19	1	230.0	2022/4/19	196	低	低	低
12	男	24	3	612.0	2022/9/3	59	高	高	高
13	女	21	3	741.0	2022/1/12	293	低	高	高
14	女	21	1	263.0	2022/6/5	149	高	低	低
15	女	26	1	188.0	2022/8/22	71	高	低	低
16	男	30	3	861.0	2022/7/7	117	高	高	高
17	男	27	3	771.0	2022/8/16	77	高	高	高
18	男	21	3	720.0	2022/5/14	171	高	高	高
19	男	24	2	378.0	2022/8/20	73	高	低	低

图7-27　判断M维度结果

（8）在 K1 单元格中输入“客户细分类型”，根据维度的评价结果在 Excel 中利用 IF 函数来判断客户的类型，这里参照图 7-21 所示的细分类型，利用 IF 函数和 AND 函数对客户类型进行细分处理，结果如图 7-28 所示（配套资源：\ 效果文件 \ 项目七 \RFM 模型 .xlsx）。得到客户的细分类型后，就可以针对不同的客户类型进行精准维护、推广和营销。

K2　=IF(AND(H2="高",I2="高",J2="高"),"重要价值会员",IF(AND(H2="低",I2="高",J2="高"),"重要换回会员",IF(AND(H2="高",I2="低",J2="高"),"重要深耕会员",IF(AND(H2="低",I2="低",J2="高"),"重要挽留会员",IF(AND(H2="高",I2="高",J2="低"),"潜力会员",IF(AND(H2="高",I2="低",J2="低"),"新会员",IF(AND(H2="低",I2="高",J2="低"),"一般维持会员","低价值会员")))))))

	B	C	D	E	F	G	H	I	J	K
1	性别	年龄	购物次数/次	购物总金额/元	上次购物时间	时间间隔/天	R	F	M	客户细分类型
2	女	19	1	218.0	2022/5/11	174	高	低	低	新会员
3	男	21	1	221.0	2022/10/14	18	高	低	低	新会员
4	女	32	1	254.0	2022/2/26	248	低	低	低	低价值会员
5	女	25	1	260.0	2022/3/30	216	低	低	低	低价值会员
6	女	31	3	669.0	2022/10/7	25	高	高	高	重要价值会员
7	男	19	3	648.0	2022/1/10	295	低	高	高	重要换回会员
8	女	27	1	183.0	2022/4/21	194	低	低	低	低价值会员
9	女	26	2	432.0	2022/6/14	140	高	低	低	新会员
10	女	23	1	260.0	2022/3/9	237	低	低	低	低价值会员
11	女	19	1	230.0	2022/4/19	196	低	低	低	低价值会员
12	男	24	3	612.0	2022/9/3	59	高	高	高	重要价值会员
13	女	21	3	741.0	2022/1/12	293	低	高	高	重要换回会员
14	女	21	1	263.0	2022/6/5	149	高	低	低	新会员

客户数据

就绪　辅助功能: 调查　计数: 60　100%

图7-28　判断客户的细分类型

任务实训

企业将另一个电商平台中的客户数据交给了小米，小米现在需要利用手上的数据，完成对客户年龄与地域特征的分析，并使用 RFM 模型实现对客户类型的细分操作。

一、分析客户年龄与地域特征

【实训背景】

企业想要分析近段时间在该电商平台上店铺内产生购物行为的客户特征，包括客户的年龄和地域特征。因此，小米需要借助现有数据完成对客户年龄与地域特征的分析，以便企业把握客户喜好，合理调整店铺风格和商品布局。

【实训要求】

（1）将客户年龄分层，使用公式和函数统计出每个层级的客户年龄数量，然后利用图表分析出客户的年龄特征。

（2）按地域排列客户数据，然后利用分类汇总的方式汇总出各个地域的客户数量，并使用图表分析出客户的地域特征。

【实训思路】

（1）打开"客户年龄与地域.xlsx"文件（配套资源:\素材文件\项目七\任务实训\客户年龄与地域.xlsx），将客户年龄分为"20岁以下""20~30岁""30岁以上"3个层级，利用 COUNTIF 函数统计不同年龄层级的客户数量，结果如图 7-29 所示。

客户姓名	性别	年龄	地域	交易总额/元	交易笔数/笔	上次交易时间	分级	人数/人	
萧秋涵	女	20	广州	2450	7	2022/8/19	20岁以下的客户	11	
童姣丹	女	22	苏州	1830	5	2022/5/13	20~30岁的客户	28	
陈屈	男	25	杭州	1575	7	2022/7/28	30岁以上的客户	0	
俞浩瑾	男	18	上海	2324	7	2022/10/24			
周悦爱	女	18	北京	1036	4	2022/2/2			
柳融	男	19	重庆	842	2	2022/6/24			
童铧朗	男	21	深圳	1260	4	2022/3/29			
霍婷晴	女	23	上海	1370	5	2022/2/10			
韦姗寒	男	21	北京	1768	4	2022/10/27			
张倩	女	22	杭州	1818	6	2022/2/3			
汪弘奕	男	19	成都	726	2	2022/7/18			
陶家蓓	女	24	苏州	1160	4	2022/12/4			
莫沫艳	女	18	上海	2030	7	2022/7/9			
尹眉兰	女	20	重庆	1224	3	2022/5/29			
苏允悦	女	27	北京	872	2	2022/2/8			
韦秀玲	女	24	杭州	822	2	2022/1/20			
颜晶君	男	23	成都	2616	6	2022/10/26			
韩旭淇	男	20	北京	1560	4	2022/8/1			
钱文瑶	女	22	上海	470	2	2022/4/29			
卢惠吉	男	25	武汉	450	2	2022/1/4			

公式栏：J2 | =COUNTIF(C2:C73,"<20")

图7-29　统计各年龄层级的客户数量

（2）以统计出的人数为数据源，创建簇状条形图，效果如图 7-30 所示，分析各年龄层级客户的占比情况。

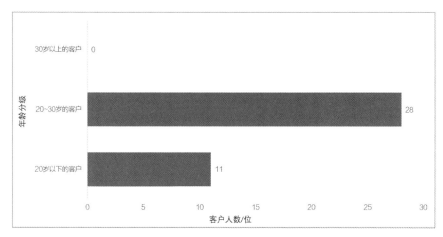

图7-30　创建簇状条形图

（3）以"地域"项目排列数据，然后执行"分类汇总"功能，将"分类字段"设置为"地域"，"汇总方式"设置为"计数"，"选定汇总项"设置为"地域"，如图 7-31 所示，对客户数据进行分类汇总操作。

图7-31　分类汇总数据

（4）以汇总出来的数据为数据源，创建圆环图，并适当美化图表，效果如图 7-32 所示（配套资源：\ 效果文件 \ 项目七 \ 任务实训 \ 客户年龄与地域 .xlsx），分析客户地域的分布情况。

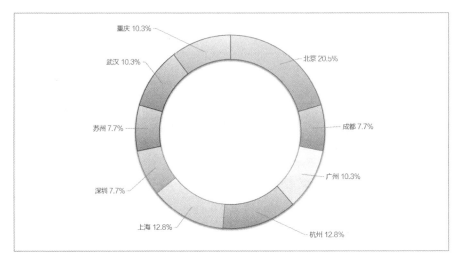

图7-32　创建圆环图

二、使用RFM模型分析客户

【实训背景】

企业近期需要在另一个电商平台上开展促销推广活动，为了提升活动效果，小米需要对现有客户进行分析，充分挖掘每位客户的价值，以便企业有针对性地制定行之有效的促销推广方案。

> 微课视频
>
> 使用 RFM 模型
> 分析客户

【实训要求】

（1）计算 RFM 模型中需要用到的客户维度。

（2）对各个维度划分等级，利用公式和函数为客户的各个维度赋值。

（3）整合客户的维度值并分析。

【实训思路】

（1）打开"RFM 模型 .xlsx"文件（配套资源：\ 素材文件 \ 项目七 \ 任务实训 \ RFM 模型 .xlsx），使用 TODAY 函数与上次交易时间数据计算每位客户最近一次交易至今的时间间隔，结果如图 7-33 所示。

（2）利用 IF 函数分别将时间间隔、交易笔数、交易总额数据赋值给 R、F、M 维度，结果如图 7-34 所示。

（3）使用"&"符号连接 3 个维度的数值，并利用得到的 RFM 结果分析客户的价值，如图 7-35 所示（配套资源：\ 效果文件 \ 项目七 \ 任务实训 \RFM 模型 .xlsx）。

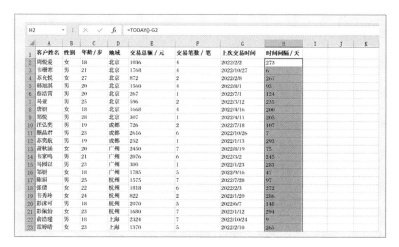

H2　=TODAY()-G2

	A	B	C	D	E	F	G	H	I	J	K
1	客户姓名	性别	年龄 / 岁	地域	交易总额 / 元	交易笔数 / 笔	上次交易时间	时间间隔 / 天			
2	周悦爱	女	18	北京	1036	4	2022/2/2	273			
3	韦珊寒	男	21	北京	1768	4	2022/10/27	6			
4	苏允悦	女	27	北京	872	2	2022/2/8	267			
5	韩旭淇	男	20	北京	1560	4	2022/8/1	93			
6	蔡浩霄	男	20	北京	267	1	2022/7/1	124			
7	马亚	男	25	北京	596	2	2022/3/12	235			
8	唐妍	女	18	北京	1668	4	2022/4/16	200			
9	郑悦	男	28	北京	307	1	2022/4/11	205			
10	汪弘奕	男	19	成都	726	2	2022/7/18	107			
11	颜晶君	男	23	成都	2616	6	2022/10/26	7			
12	苏奕航	男	19	成都	252	1	2022/1/13	293			
13	萧秋涵	女	20	广州	2450	7	2022/8/19	75			
14	韦家鸣	男	21	广州	2076	6	2022/3/2	245			
15	马闿以	男	23	广州	300	1	2022/1/23	283			
16	邹妍	女	18	广州	1785	5	2022/9/16	47			
17	陈屑	男	25	杭州	1575	7	2022/7/28	97			
18	张倩	女	22	杭州	1818	6	2022/2/3	272			
19	韦秀玲	女	24	杭州	822	2	2022/1/20	286			
20	彭沫可	男	18	杭州	2070	5	2022/6/7	148			
21	彭佩怡	女	23	杭州	1680	7	2022/1/12	294			
22	俞浩瑾	男	18	上海	2324	7	2022/10/24	9			
23	雷婷晴	女	23	上海	1370	5	2022/2/10	265			

图7-33　计算时间间隔

K2　=IF(E2<500,1,IF(E2<1000,2,IF(E2<2000,3,IF(E2<3000,4,5))))

	C	D	E	F	G	H	I	J	K	L
1	年龄/岁	地域	交易总额/元	交易笔数/笔	上次交易时间	时间间隔/天	R	F	M	
2	18	北京	1036	4	2022/2/2	273	1	3	3	
3	21	北京	1768	4	2022/10/27	6	5	3	3	
4	27	北京	872	2	2022/2/8	267	1	2	2	
5	20	北京	1560	4	2022/8/1	93	2	3	3	
6	20	北京	267	1	2022/7/1	124	1	1	1	
7	25	北京	596	2	2022/3/12	235	1	2	2	
8	18	北京	1668	4	2022/4/16	200	1	3	3	
9	28	北京	307	1	2022/4/11	205	1	1	1	
10	19	成都	726	2	2022/7/18	107	2	2	2	
11	23	成都	2616	6	2022/10/26	7	5	4	4	
12	19	成都	252	1	2022/1/13	293	1	1	1	
13	20	广州	2450	7	2022/8/19	75	3	4	4	
14	21	广州	2076	6	2022/3/2	245	1	4	4	
15	23	广州	300	1	2022/1/23	283	1	1	1	
16	18	广州	1785	5	2022/9/16	47	4	3	3	
17	25	杭州	1575	7	2022/7/28	97	2	4	3	
18	22	杭州	1818	6	2022/2/3	272	1	4	3	
19	24	杭州	822	2	2022/1/20	286	1	2	2	
20	18	杭州	2070	5	2022/6/7	148	1	3	4	

图7-34　赋值并计算R、F、M三大维度

L2　=I2&J2&K2

	D	E	F	G	H	I	J	K	L	M
1	地域	交易总额/元	交易笔数/笔	上次交易时间	时间间隔/天	R	F	M	RFM	
2	北京	1036	4	2022/2/2	273	1	3	3	133	
3	北京	1768	4	2022/10/27	6	5	3	3	533	
4	北京	872	2	2022/2/8	267	1	2	2	122	
5	北京	1560	4	2022/8/1	93	2	3	3	233	
6	北京	267	1	2022/7/1	124	1	1	1	111	
7	北京	596	2	2022/3/12	235	1	2	2	122	
8	北京	1668	4	2022/4/16	200	1	3	3	133	
9	北京	307	1	2022/4/11	205	1	1	1	111	
10	成都	726	2	2022/7/18	107	2	2	2	222	
11	成都	2616	6	2022/10/26	7	5	4	4	544	
12	成都	252	1	2022/1/13	293	1	1	1	111	
13	广州	2450	7	2022/8/19	75	3	4	4	344	
14	广州	2076	6	2022/3/2	245	1	4	4	144	
15	广州	300	1	2022/1/23	283	1	1	1	111	
16	广州	1785	5	2022/9/16	47	4	3	3	433	
17	杭州	1575	7	2022/7/28	97	2	4	3	243	
18	杭州	1818	6	2022/2/3	272	1	4	3	143	
19	杭州	822	2	2022/1/20	286	1	2	2	122	
20	杭州	2070	5	2022/6/7	148	1	3	4	134	
21	杭州	1680	7	2022/1/12	294	1	4	3	143	

图7-35　利用RFM结果分析客户的价值

课后习题

1. 选择题

（1）下列选项中，不属于客户描述性数据的是（   ）。

    A．购买数量　　　　　　　　　　B．收入水平

    C．偏好颜色　　　　　　　　　　D．职位

（2）以下关于客户标签的说法，不正确的是（   ）。

    A．客户标签是具有某种特征的客户群体标志

    B．客户标签可以方便企业记忆、识别和查找客户

    C．客户标签能够帮助企业实现精准推广

    D．客户标签设计的基础是客户描述性数据

（3）假设客户样本为 200，其中 120 人重复购买，这 120 人中有 60 人重复购买 1 次（即购买 2 次），有 40 人重复购买 2 次（即购买 3 次），有 20 人重复购买 3 次（即购买 4 次），如果考虑重复购买的次数，那么此案例的重复购买率是（   ）。

    A．90%　　　　B．100%　　　　C．150%　　　　D．200%

（4）下列指标中，不属于 RFM 模型中用到的指标的是（   ）。

    A．最近一次消费时间　　　　　　B．消费频率

    C．最大单笔消费金额　　　　　　D．消费金额

2. 判断题

（1）客户数据的唯一价值是便于对客户进行分级。（   ）

（2）客户画像是抽象出来的客户特征。（   ）

（3）客户生命周期指的是不同年龄的客户表现出来的消费特征。（   ）

（4）应用 RFM 模型时，需要用最近一次消费时间与当前时间来得到时间间隔，该指标的数值越大，则赋值越高。（   ）

3. 操作题

（1）某男装羊绒衫专卖店最近采集了北方地区黄金会员的客户数据（配套资源：\ 素材文件 \ 项目七 \ 课后习题 \ 客户画像 .xlsx），请利用这些数据分析该店铺北方地区的黄金会员情况，包括性别占比、年龄构成、地域分布等，要求性别占比需要先统计出数量，然后以饼图的方式呈现；年龄构成需要先对年龄分级，然后以柱形图的方式呈现；地域分布可以利用分类汇总得到相应的数据，然后以条形图的方式呈现，参考效果如图 7-36 所示（配套资源：\ 效果文件 \ 项目七 \ 课后习题 \ 客户画像 .xlsx）。

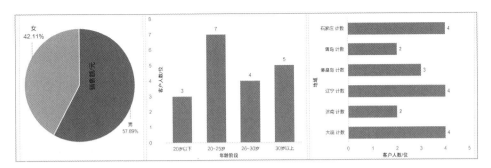

图7-36　客户画像

（2）为了进一步了解每位黄金会员的价值，该男装羊绒衫专卖店整理了交易总额、交易笔数和上次交易时间等数据（配套资源：\ 素材文件 \ 项目七 \ 课后习题 \ 客户数据 .xlsx），请利用 RFM 模型分析每位黄金会员的价值情况，参考效果如图 7-37 所示（配套资源：\ 效果文件 \ 项目七 \ 课后习题 \ 客户数据 .xlsx）。其中，R、F、M 这 3 个维度的赋值范围为 1 ~ 5。

	A	B	C	D	E	F	G	H	I	J
1	客户昵称	交易总额/元	交易笔数/笔	上次交易时间	时间间隔/天	R	F	M	RFM	
2	心情不好吃颗糖	6060	10	2022/1/4	296	1	5	5	155	
3	沧笙踏歌	3171	7	2022/10/5	22	5	3	3	533	
4	半萌半可爱	5400	9	2022/1/6	294	1	4	5	145	
5	酷与孤独	3048	9	2022/7/29	90	2	3	3	233	
6	暖心欧巴	3913	7	2022/4/6	204	1	3	3	133	
7	相思浓	2086	7	2022/5/1	179	1	3	2	132	
8	空城旧梦	2601	8	2022/9/24	33	4	4	2	442	
9	蓝天之巅	5085	9	2022/7/12	107	2	4	5	245	
10	萌萌的爱	2848	8	2022/3/14	227	1	4	2	142	
11	听春雨	2735	8	2022/7/29	90	2	2	2	222	
12	挽袖清风	2408	8	2022/1/21	274	1	4	2	142	
13	时光清浅	3410	10	2022/9/9	48	4	5	3	453	
14	华丽的放纵	3822	6	2022/6/19	130	1	3	3	133	
15	时光取名叫无心	1938	6	2022/4/5	205	1	3	1	131	
16	无人街角	2784	6	2022/2/26	243	1	3	2	132	
17	天气好热	2220	6	2022/9/2	55	4	3	2	432	
18	十里平湖霜满天	4024	6	2022/7/19	100	2	4	4	244	
19	失忆少女	3204	6	2022/10/17	10	5	3	3	533	
20	月下清影	3696	6	2022/4/7	203	1	3	3	133	

图7-37　客户价值

拓展阅读

Decyl 分析法

分析客户数据时，除采用常见的 RFM 模型外，还可以采用另一种常用的方法，即 Decyl 分析法。该方法是将所有客户按购买金额的高低顺序分为 10 组，每组的客户数量相等，然后计算出各组的购买金额、占比等数据。通过分析这些数据，一方面，企业可以获知购买金额较高的组，为该组的客户推出"政策倾斜"，如向其发送指定金额以上的折扣券或优惠券，也可以向其推荐高价商品；另一方面，企业可以锁定购买力更低的组，采取有针对性的措施来提高其购买能力，例如，使用"物超所值"的概念来吸引他们，向其推荐优质且低价的商品等。

在 Excel 中进行 Decyl 分析时，可以先收集并整理每位客户的名称和对应的购买金额，按购买金额降序排列数据。然后为客户分组（可以按照每组 5 个、7 个或 10 个的数量分组，每组数量应一致），并计算出每组的购买总额以及占比即可。参考效果如图 7-38 所示。

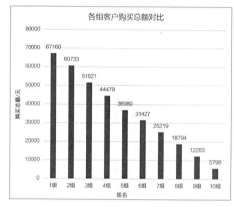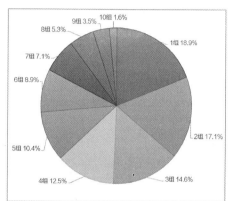

图7-38　Decyl分析

商务数据可视化与分析报告

【知识目标】

◎ 熟悉商务数据可视化的定义和基本流程。

◎ 熟悉商务数据可视化的工具和主要类型。

◎ 熟悉商务数据分析报告的作用、类型和内容。

【技能目标】

◎ 能够将商务数据以合理、准确、美观的可视化形象表现出来。

◎ 能够撰写出完整且可读性较强的商务数据分析报告。

【素养目标】

◎ 培养基本的审美意识和视觉感知能力。

◎ 培养实事求是、求真务实的精神。

为什么总用图表来表现数据呢？听老张解释后小米才知道，这是一种将数据可视化的手段，目的是更加直观地显示杂乱的数据。为了让小米更透彻地理解商务数据分析，老张决定系统地给小米讲解商务数据可视化的知识，教小米撰写商务数据分析报告，让小米能够将自己分析出的数据结果以报告的形式呈现出来。

 商务数据可视化

小米原以为商务数据可视化就是以表格数据为数据源创建出各种图表，老张告诉她这只是商务数据可视化的一部分内容。

一、商务数据可视化的定义

商务数据可视化是指借助图形化手段，清晰、有效地展现商务数据，以便对商务数据进行更直观和深入的观察与分析。数据分析人员不应该为了实现某种功能使可视化图形显得枯燥乏味，也不应该为了使可视化效果显得绚丽多彩而降低数据的可读性。为了清晰、有效地显示数据，在进行数据可视化时，应该同时考虑功能与美感，既要使图形准确地表达出数据的大小、关系等信息，又要使图形具有可观赏性和易理解性。

二、商务数据可视化的基本流程

商务数据可视化的基本流程主要包括明确数据可视化的目的、选择可视化表达方式、视觉设计和突出信息四大环节。

1. 明确数据可视化的目的

明确数据可视化的目的即明确通过数据可视化需要解决的问题、探索的内容或陈述的事实等。一般而言，明确数据可视化的目的比数据可视化处理更为重要。如果对目的没有清晰的认识，就可能选择错误的可视化表达方式，使数据被可视化后变得难以理解，甚至让人产生误解等。例如，某部门需要了解销售数据的变化趋势，如果数据分析人员没有理解清楚该目的，使用饼图来对数据进行可视化处理，得到的效果远不及折线图清晰明了，如图 8-1 所示。

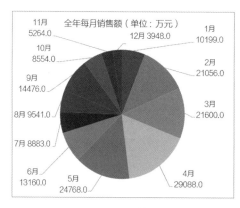
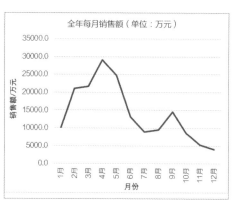

图8-1 使用饼图和折线图呈现数据变化趋势的对比效果

2. 选择可视化表达方式

明确数据可视化的目的后，就可以围绕这个目的选择合适的可视化表达方式来呈现需要可视化的数据，如图表、符号等都是可供选择的可视化表达方式，这里重点讲述图表这种可视化表达方式。要想选择正确的图表类型，除明确目的外，还应该清楚数据之间的关系，如比较、联系、分布和构成等，不同关系的数据，适合的图表类型不同。

（1）比较：一般是通过对比两个或多个不同类型的数据的大小来寻找数据之间的关系。例如，比较多个项目时，可以选择柱形图或条形图；比较某个周期内的数据时，可以选择折线图或柱形图等。

（2）联系：一般通过分析两个或多个数据之间相互影响的程度来寻找它们之间的联系。例如，分析两个变量之间的联系，最常用的就是散点图；分析多个变量之间的联系，则可选择气泡图。

（3）分布：一般是通过分析数据或变量的具体大小来寻找它们的分布特点。如直方图、正态分布图、曲面图等都是分析分布关系时常用的图表类型。

（4）构成：一般是通过分析数据的大小来寻找它们的构成比例。例如，使用饼图分析数据的相对或绝对构成情况，使用瀑布图分析数据的相对构成情况等。

3．视觉设计

视觉设计在这里可以简单地理解为图表美化，其目的是使图表整体看起来更加和谐、美观。就图表而言，可以重点从以下几个方面来进行视觉设计。

（1）配色。图表的配色不建议使用过多的颜色种类。过多的颜色种类不仅使人感觉眼花缭乱，容易产生视觉疲劳，而且可能无法突出数据内容。例如，图 8-2 所示的图表，右图的配色效果比左图的好，其颜色类型简单且富有明显变化。

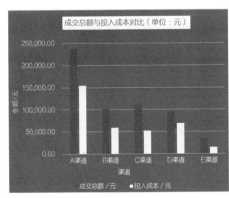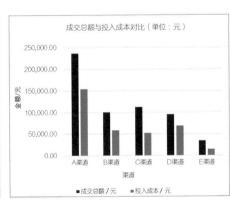

图8-2　不同配色的视觉设计效果对比

（2）刻度。就图表而言，刻度是感知数据大小的主要工具，特别是在没有添加数据标签的前提下，要想了解数据大小，更需要充分使用刻度。图表的坐标轴上一般会显示刻度，除此以外，还可以为图表添加网格线来辅助显示数据大小。图 8-3 中，右图使用坐标轴来显示刻度，比左图更容易比较数据大小。

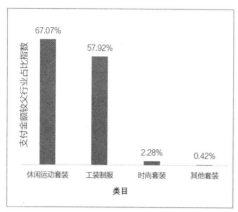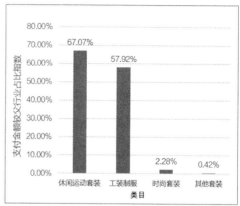

图8-3　图表中有无刻度的对比效果

🎓 **小提示**

　　巧妙运用刻度功能，可以使图表呈现出不同的特点。如图 8-4 所示，左图的交易指数趋势明显比右图的交易指数趋势更"陡峭"，但实际上两个图表中的数据是完全相同的，造成这种情况的原因是左图纵坐标轴的最大刻度远小于右图纵坐标轴的最大刻度，使得右图的整条折线被"压缩"。

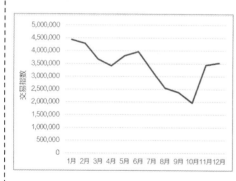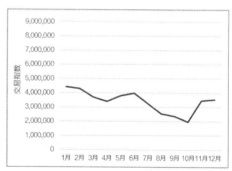

图8-4　不同刻度下折线图呈现的不同趋势

　　（3）文字。虽然图表的核心内容是图形，但文字也是图表中非常重要的元素。处理图表中的文字时，首先要保证文字内容准确，且内容不宜过长。无论是坐标轴上的文字，还是标题或标签文字过长，不仅会影响美观，还会影响阅读。如果坐标轴上的文字无法精简，则可考虑调整图表类型。图 8-5 所示为将柱形图调整为条形图的效果，这样做不仅没有影响图表表达的意思，同时也解决了标签文字过长的问题。

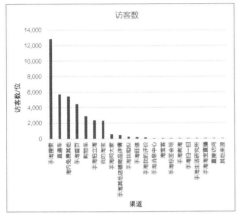 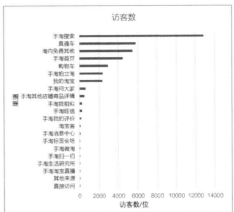

图8-5　将柱形图调整为条形图的效果

4. 突出信息

图表中如果存在关键信息或核心数据，则可通过单独设置其格式等方法将该信息突出显示，以示强调。例如在众多数据中，需要强调某一数据的变化趋势，则可以将其他折线图淡化显示，单独强调该数据的折线图，如图8-6所示。

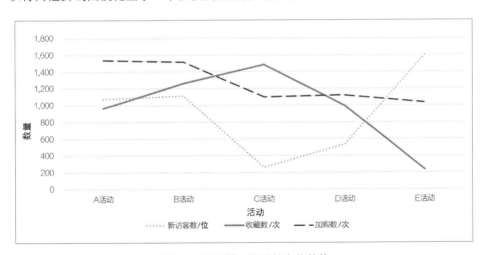

图8-6　强调某一数据的变化趋势

三、认识商务数据可视化的工具

商务数据可视化的工具非常多，常用的主要有以下几款。

1. Excel

Excel 拥有强大的数据可视化功能，不仅包含大量的图表类型，而且可以对图表进行各种编辑操作。除此以外，使用 Excel 还能创建数据透视图，能够极大地提升交互性体验。

2. Power BI

使用 Power BI 可以将 ERP（Enterprise Resource Planning，企业资源计划）等信息系统中的数据直接下载到本地计算机中，达成信息化的"最后一公里"，使决策者能够更好地利用商务数据，真正体验到数据可视化后的价值。

Power BI 包含 Power BI 桌面应用、Power BI 在线应用及 Power BI 移动应用，不同应用侧重的功能有所不同。其中，Power BI 桌面应用可以满足工作中的所有需求，Power BI 在线应用侧重于数据的在线分享和实时更新，Power BI 移动应用侧重于移动办公，能够随时随地监测和跟进数据。

Power BI 同样具有强大的数据可视化功能，可以轻松制作具有交互性质的图表。在 Power BI 中导入数据，然后在"可视化工具"功能区中添加需要的字段，即可创建想要的图表，如图 8-7 所示。

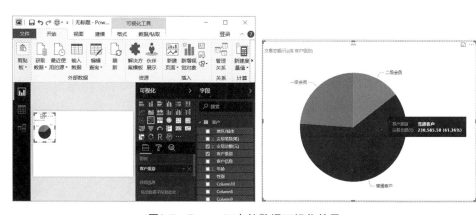

图8-7　Power BI中的数据可视化效果

3. 图表秀

图表秀是一款互联网在线编辑的数据可视化工具，它拥有众多精美的图表模板。登录该网站后，选择需要的图表模板，单击右上角的 按钮就可以编辑数据，完成后单击 按钮就能保存制作的内容，如图 8-8 所示。

4. 花火数图

花火数图也是一款互联网在线编辑的数据可视化工具，能够制作出具有动态效果的可视化图表，如图 8-9 所示。登录该网站，选择某个图表模板，单击页面右上方的"数据编辑"选项卡，编辑完成后单击 下载 按钮可下载编辑的内容。

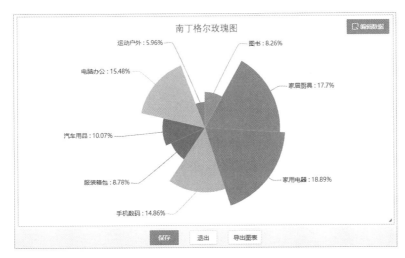

图8-8　图表秀中的数据可视化效果

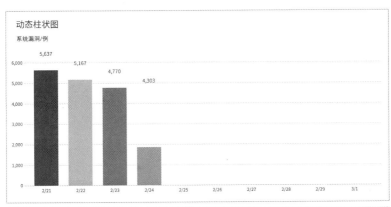

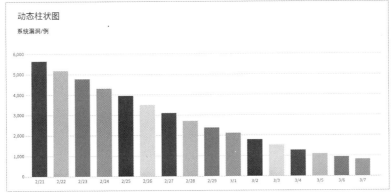

图8-9　花火数图中的数据可视化动态效果

四、商务数据可视化的主要类型

商务数据可视化主要有对比、趋势、占比以及分布等可视化类型，不同的类型适用的图表不同。

1. 商务数据对比可视化

商务数据对比可视化通常是把两个或两个以上有一定联系的数据进行比较，以展示和说明被对比对象的规模大小、水平高低、速度快慢等。进行商务数据对比可视化时，常用到的图表类型有柱形图、条形图等。

（1）柱形图。柱形图可以实现在直角坐标系中，用相同宽度但不同长短的矩形条来表示数据的多少，通过矩形条的长短来对比不同的数据。除此以外，柱形图也可以通过显示连续对象（如连续天数）的数值来反映数据的变化情况。下面介绍几种较为常用的柱形图。

① 簇状柱形图。簇状柱形图又分为单式簇状柱形图和复式簇状柱形图。单式簇状柱形图是用一组矩形条来比较统计对象在各个维度的数量关系，如图8-10所示；复式簇状柱形图则是用两组或多组矩形条来比较两个或多个统计对象在多个维度的数量关系，同组的矩形条外观应一致，在各个维度下的排列顺序也应相同，如图8-11所示。

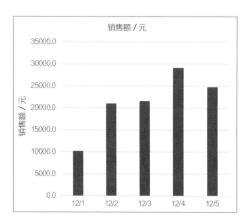

图8-10 单式簇状柱形图

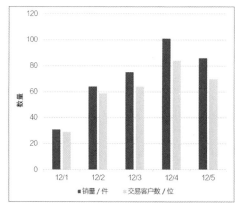

图8-11 复式簇状柱形图

② 堆积柱形图。存在多个数据系列且希望强调总和信息时，可使用堆积柱形图来表示。这类柱形图将多个统计对象的同一个维度指标表示为一个矩形条，矩形条的总长度代表该指标的总量，矩形条中的各段区域表示不同的统计对象，如图8-12所示。

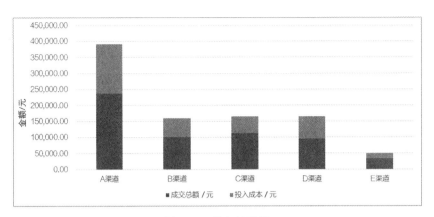

图8-12　堆积柱形图

🎓 **小提示**

　　堆积柱形图各个维度代表的矩形条的长度是不相同的，如果需要在此基础上强调各统计对象的占比情况，则可以使用百分比堆积柱形图。该类型的图表中，各矩形条的长度完全一致，矩形条中的各个区域则表示该维度下各统计对象的具体占比，如图 8-13 所示。

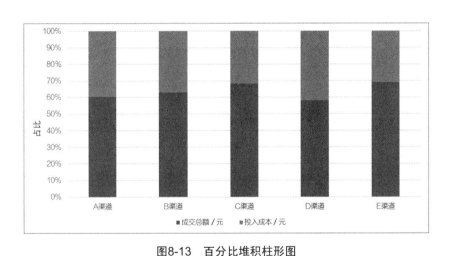

图8-13　百分比堆积柱形图

　　③ 三维柱形图。三维柱形图采用立体化的可视化表达方式，它同样包括簇状柱形图、堆积柱形图和百分比堆积柱形图等几种常用的图表类型。三维柱形图的最大特点是将不同统计对象在各个维度下的数据分开显示，将矩形条转换为长方体，虽然能够使数据的呈现更加立体，但也会使图表更为复杂，实际工作中应酌情考虑是否适用，如图 8-14 所示。

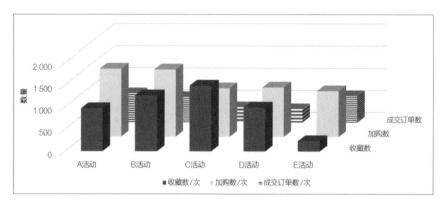

图8-14　三维柱形图

（2）条形图。条形图也是常用的柱形图类型之一，便于比较各个数据的大小和数据之间的差别。实际上，条形图可以看作垂直排列的柱形图，如图 8-15 所示。条形图也有簇状条形图、堆积条形图、百分比堆积条形图和三维条形图之分。如果需要比较的维度为 5 个左右，建议使用柱形图来表现数据；如果维度的数量大于 5，则可以考虑使用条形图来表现数据。

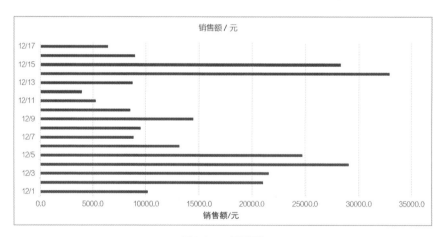

图8-15　条形图

2. 商务数据趋势可视化

商务数据趋势可视化一般适用于某些指标或维度的长期跟踪，一方面可以看出统计的商务对象的变化情况，另一方面可以发现变化趋势中明显的拐点，以便分析出现拐点的原因。进行商务数据趋势可视化时，常用到的图表类型有折线图、面积图等。

（1）折线图。

① 普通折线图。这是常用的折线图类型，当需要按时间或其他类别来显示数据趋势，同时类别在数据中的作用非常重要且数据点较多时，则可以使用这类折线图来呈现数据，如图 8-16 所示。

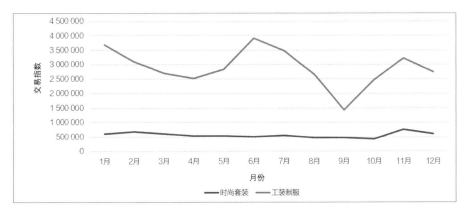

图8-16　普通折线图

② 带数据标记的折线图。这类折线图包括普通带数据标记的折线图、带数据标记的堆积折线图和带数据标记的百分比堆积折线图。当需要强调数据点的重要性时，可以选择这类折线图，如图 8-17 所示。

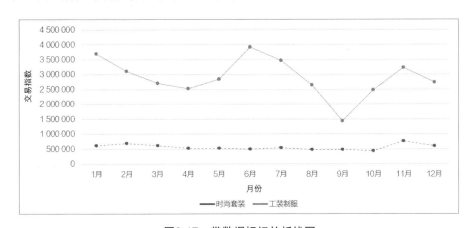

图8-17　带数据标记的折线图

（2）面积图。面积图强调的是数量随时间或其他维度变化的程度，同时也可以表现数据变化的趋势。在需要同时呈现总体情况和变化趋势时，面积图是很好的解决方案。其类型包括普通面积图、堆积面积图、百分比堆积面积图和三维面积图等，各类图表的作用与对应折线图的作用相似。图 8-18 所示为堆积面积图，该图显示了某企业 A 店、B 店、C 店各季度的客户数量变化情况，该堆积面积图可以直观地显示客户的总量和变化趋势。

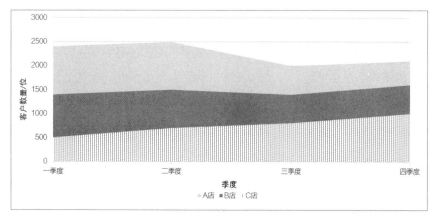

图8-18　堆积面积图

3. 商务数据占比可视化

商务数据占比可视化可以直观地显示各项数据所占的比例大小，从而快速找准处于核心地位或起关键作用的数据对象。进行商务数据占比可视化时，常用到的图表类型有饼图、圆环图等。

（1）饼图。当只有一个维度的一组数据，且需要反映各数据所占的比例时，可以使用饼图。饼图由多个扇形区域组成，各个扇形的大小可以直接反映数据的占比。饼图的类型主要有普通饼图、复合饼图和三维饼图。

① 普通饼图。此类饼图适用于只有一组数据且包含的数据较少，各数据的总和为 100%，需要体现各数据占整体比例大小的情况，如图 8-19 所示。

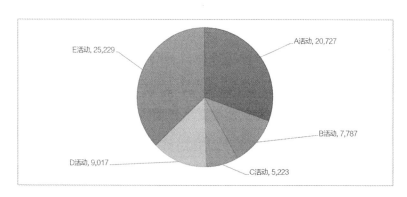

图8-19　普通饼图

② 复合饼图。此类饼图适用于只有一组数据且包含的数据较多，各数据的总和为 100%，需要体现各数据占整体比例大小的情况，如图 8-20 所示。

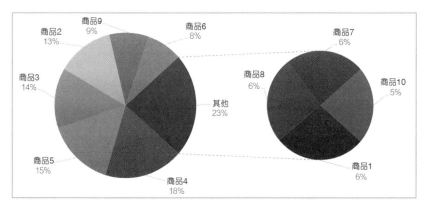

图8-20　复合饼图

③ 三维饼图。此类饼图以三维立体的形式显示各数据的占比，其作用与普通饼图相似，如图 8-21 所示。

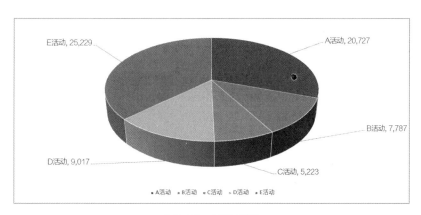

图8-21　三维饼图

（2）圆环图。圆环图同样可以显示各个部分与整体之间的关系，但与饼图不同的是，圆环图可以包含多组数据，一组数据组成一个圆环，多组数据组成多组圆环。需要注意的是，当包含多组数据时，需要添加辅助信息来解释圆环图中各层圆环对应的数据对象，如图 8-22 所示。

4. 商务数据分布可视化

商务数据分布可视化借助各种可视化图表来分析数据的分布情况，使各个数据以特定的图形出现在图表上，可以根据分布的位置、密集程度等较快地找到数据规律，以便对数据结构有更加清晰的认识。进行商务数据分布可视化时，常用到的图表类型有散点图、气泡图等。

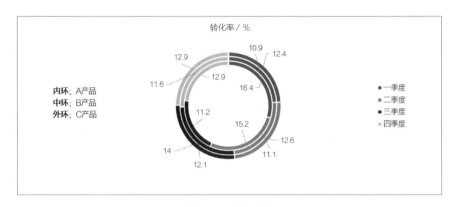

图8-22　圆环图

（1）散点图。散点图可以显示多个数据点在直角坐标系平面上的分布情况，并且可以反映因变量随自变量变化的大致趋势，进而通过函数计算找到变量之间的准确关系。图 8-23 所示为使用散点图展示数据分布情况。

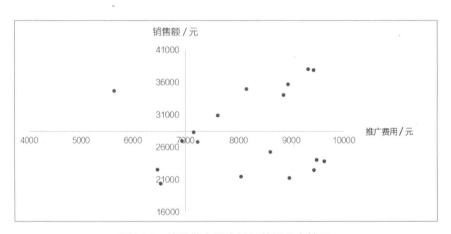

图8-23　使用散点图来展示数据分布情况

（2）气泡图。相比散点图，气泡图是显示 3 组数据分布和联系的最佳图表类型。该图表的横坐标轴和纵坐标轴分别表示 2 组数据，气泡大小则能直观体现第 3 组数据的情况。例如，某企业需要分析多个主打商品的销售情况，涉及单价、销量和销售额占比 3 个维度，此时便可以建立气泡图，用横坐标轴表示单价，用纵坐标轴表示销量，用气泡大小表示销售额占比，如图 8-24 所示。

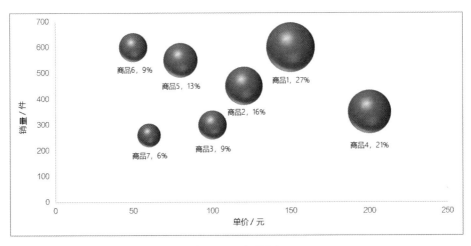

图8-24　气泡图

任务二　商务数据分析报告

企业马上就要进行月度销售总结，小米需要制作一份关于月度销售的总结性数据分析报告。为了制作出专业的分析报告，在制作前，小米需要了解商务数据分析报告的基础知识，包括作用、类型和内容等。

一、商务数据分析报告的作用

商务数据分析报告的作用主要体现为展示分析结果、验证分析质量和提供决策参考这3个方面。

（1）展示分析结果。商务数据分析报告可以将数据分析结果清晰且有条理地展示出来，以便企业快速了解结果。

（2）验证分析质量。商务数据分析报告实际上是对整个数据分析过程的一次总结，通过报告中对数据分析方法的描述、对数据结果的处理与分析等，可以重新检验数据分析的质量和准确性，以便及时修正或调整。

（3）提供决策参考。对企业而言，商务数据分析报告中的结论往往是其重点关注的内容，并且会根据这些结论来制定决策与方案。

二、商务数据分析报告的类型

商务数据分析报告的内容不同、侧重点不同，因此有各种不同的类型。总的来说，常见的商务数据分析报告有定期分析报告、专题分析报告和综合分析报告 3 类。

1. 定期分析报告

定期分析报告以定期数据分析报表为依据，通过分析定期数据的影响因素和形成原因来反映计划执行情况，如月销售数据分析报告就是典型的定期分析报告。这类报告一般是按日、周、月、季、年等时期定期编制，其特点如下。

（1）时效性。这是定期分析报告最明显的特点，由于这类报告通常针对的是当前存在的某种问题，因此它需要具备一定的时效性。只有及时提供数据分析的各种信息，才能帮助企业实时掌握运营情况，如果缺乏时效性，就会贻误工作。

（2）进度性。由于定期分析报告主要反映数据分析的执行情况，因此应当把数据分析的进度与时间结合起来，以便比较数据指标的前后差异，从而判断数据结果的改善情况。

（3）规范性。虽然定期分析报告的篇幅较小，但由于其在周期上具有连续性，因此需要强调它的规范性，这样才能更好地对比各个时期的情况。

2. 专题分析报告

专题分析报告是对商务企业运营中的某一环节或环节中的某个特定问题进行专门研究和分析的一种报告，其作用主要是为企业制定某项决策或解决某个问题提供参考和依据，其特点如下。

（1）单一性。专题分析报告针对的对象较为单一，如针对某企业客户画像的专题分析报告，不需要全面分析企业整体运营状况。

（2）深入性。专题分析报告需要针对特定对象进行深入分析和研究，包括形成原因、可能造成的结果等，并提出切实可行的解决办法。

3. 综合分析报告

综合分析报告需要全面分析和评价企业的运营情况，其特点如下。

（1）全面性。无论综合分析报告分析的对象是企业还是部门，都需要站在全局的角度，综合总体情况和特征，做出全面评价。例如，商务企业使用综合分析报告分析企业的运营情况时，通常会从商品、价格、渠道、促销等角度来分析。

（2）综合性。综合分析报告需要把相互关联的问题综合起来进行全面且系统的分析，这种联系并不是对资料的简单罗列，而是应该把分析指标构建成一个指标体系，在此基础上分析它们的内部联系和外部联系。

三、商务数据分析报告的内容

不同类型的商务数据分析报告，其内容可以不完全相同。例如，对于简单的定期分析报告，只需要说明分析目的、数据来源，然后将数据进行可视化展示并提供分析结果。但对于较为复杂的综合分析报告，其内容则会涉及更多方面，具体如下。

（1）目录。目录中需要列出报告中主要章节的名称，名称后面应该附上对应的页码，而且应该体现比较重要的细分目录。

（2）前言。前言应着重强调编制数据分析报告的原因、背景、目的和思路等内容，方便企业更好地使用报告。

（3）摘要（或概述）。对于篇幅较长的数据分析报告，正文之前应该有摘要系统地说明本次数据分析的大体情况，说明分析过程中涉及的主要指标、分析方法、数学模型等，使企业对本次数据分析有更为深刻和全面的认识。

（4）数据采集说明。这部分内容需要重点说明数据采集的渠道、程序、方法和内容等，以表明数据采集的真实性和准确性，进而说明此数据分析报告的真实性和专业性。

（5）数据分析过程。这部分内容是数据分析报告的核心，需要将整个分析过程充分展示出来，使企业可以直观地了解本次数据分析。

（6）数据可视化展示。这部分内容可以在数据分析过程中体现，以便直观地显示数据分析的情况，同时便于企业理解数据内容。

（7）数据分析结果。这部分内容需要准确且简洁地体现出数据分析的结果。

（8）建议。这部分内容包括对数据分析结果的总结，通过总结给出正确的建议，辅助企业制定正确的策略。

（9）附录。附录需要提供正文中涉及但未予以详细阐述的相关资料，如报告中涉及的专业名词解释、计算方法、数据模型的原理、重要的原始数据等内容，供企业查阅。

任务实训

小米对商务数据可视化分析有了更加全面的认识，还系统地了解了商务数据分析报告。接下来，小米准备对企业近一个月的销售数据进行可视化分析，然后尝试制作一份简单的商务数据分析报告。

一、可视化分析企业销售数据

【实训背景】

小米整理了企业本月的销售数据，并采集了上一个月对应的数据指标，她需要利用这些数据分析企业本月的销售表现，同时还需要与上一个月的数据进行对比，进一步分析本月的销售情况。

【实训要求】

（1）可视化分析企业本月的销售额情况。

（2）可视化分析企业本月新老客户的增减情况。

（3）可视化分析企业本月各商品类目的销售表现。

【实训思路】

（1）打开"销售数据.xlsx"文件（配套资源:\素材文件\项目八\任务实训\销售数据.xlsx），在打开的"销售额"工作表中，计算本月和上月的销售总额，并计算环比结果，包括每日的环比数据和总计的环比数据；然后以上月和本月销售额为数据源创建折线图，类型为带数据标记的折线图，并适当对图表的布局、数据系列的格式、图表的字体格式等进行设置；最后在图表中插入文本框，将计算的销售总额和环比数据显示出来，参考效果如图8-25所示。通过图表分析本月的销售额情况。

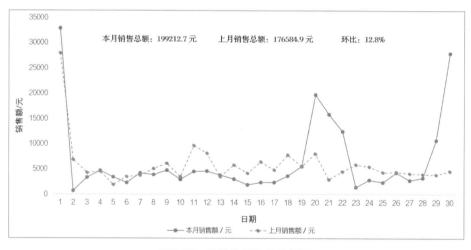

图8-25　月销售额趋势分析图

（2）切换到"客户"工作表，计算本月和上月新老客户合计数，包括本月客户总数、上月客户总数、本月客户总数增幅，以及新老客户的增长数和增幅；然后以上月和本月新老客户数为数据源创建柱形图，并适当对图表的布局、数据系列的格式、图表的字体格式等进行设置；最后在图表中插入文本框，将两个月的客户数量和增幅等统计数据显示出来，参考效果如图8-26所示。通过图表分析本月新老客户的增减情况。

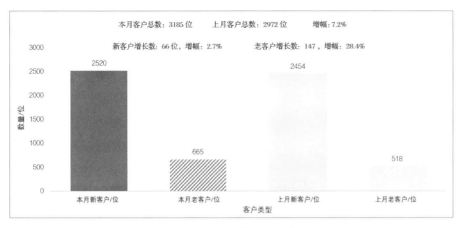

图8-26　月客户数对比分析图

（3）切换到"商品类目"工作表，以类目和本月销量为数据源创建饼图，并适当对图表的布局、数据标签的格式、图表的字体格式等进行设置，按照相同的方法以类目和上月销量为数据源创建并美化饼图，参考效果如图8-27所示（配套资源：\效果文件\项目八\任务实训\销售数据.xlsx）。通过图表分析本月各商品类目的销量占比情况。

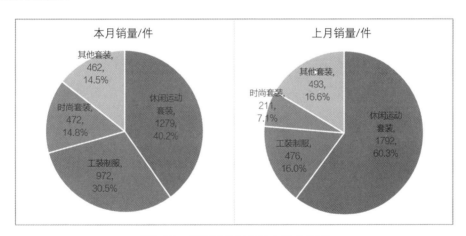

图8-27　月商品类目销量占比分析图

二、制作月销售数据分析报告

【实训背景】

小米顺利完成了对本月销售数据的分析工作，接下来她需要利用分析的数据结果制作一份月销售数据分析报告，为企业制定决策提供数据支撑。

【实训要求】

（1）能够充分说明企业本月的销售情况。

（2）能够分析出销售额、客户数量、商品类目等数据变化的原因。

（3）能够在报告中针对不同的分析对象给出一定的诊断或优化建议。

【实训思路】

（1）新建 Word 文档，将上一个任务实训中的 3 个图表复制到文档中，作为报告中数据可视化展现的内容。

（2）按照"分析目的与采集范围→分析对象→具体分析情况→分析结果→诊断建议（或优化建议）"的流程完善报告内容。图 8-28 所示为数据分析报告中的部分内容（配套资源：\效果文件\项目八\任务实训\月销售数据分析报告 .docx）。

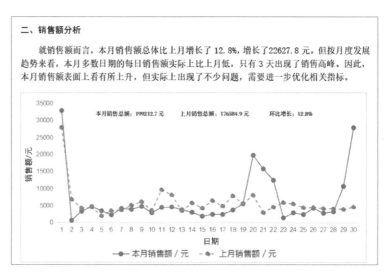

图8-28　数据分析报告中的部分内容

课后习题

1. 选择题

（1）下列图表中，最适合分析两个变量之间联系的是（　　）。

　　A．柱形图　　　B．折线图　　　　　C．气泡图　　　　D．散点图

（2）下列选项中，不属于数据可视化常用工具的是（　　）。

　　A．Word　　　　B．Excel　　　　　C．Power BI　　　D．花火数图

（3）定期分析报告不具备的特点是（　　）。

　　A．时效性　　　B．进度性　　　　　C．深入性　　　　D．规范性

2．判断题

（1）为了提高数据可视化的视觉效果，应该在图表中使用多种色彩进行表现。

（　　）

（2）饼图只适合分析一个维度的一组数据的占比情况。（　　）

（3）对商务数据分析报告而言，目录和前言都是不可缺少的部分。（　　）

3．操作题

（1）某企业店铺采集了某商品近一个月的销量和销售额，以及去年同期的销量和销售额数据（配套资源：\素材文件\项目八\课后习题\单品数据.xlsx），请按照数据可视化分析的思路，分析该商品近一个月的销售表现（配套资源：\效果文件\项目八\课后习题\单品数据.xlsx）。

（2）在第（1）题的基础上，根据商品月销售表现制作数据分析报告，说明该商品销售的具体情况和问题，并提出解决方法与建议（配套资源：\效果文件\项目八\课后习题\单品月销售数据分析报告.xlsx）。

拓展阅读

使用 PowerPoint 制作商务数据分析报告

当商务数据分析报告需要在企业内部进行演示或用于招商引资时，现代商务企业往往会使用 PowerPoint 来制作报告。这是因为使用 PowerPoint 能够轻松制作出各种具有动态效果的商务数据分析报告。

使用 PowerPoint 制作商务数据分析报告时，首先需要在各幻灯片中输入标题、正文等内容；然后根据需求在幻灯片合适的位置插入各种对象，包括表格、图片、图形、Excel 图表等；接着可以为所有的幻灯片设置主题风格，如主题效果、配色、字体等，也可以根据需求单独设置幻灯片及其中的对象；最后可以利用 PowerPoint 的动画功能为幻灯片设置切换动画，并为幻灯片中的各个对象添加合适的动画效果。

需要注意的是，使用 PowerPoint 制作的商务数据分析报告交互性强，能够生动形象地传达信息，因此制作时需要把握以下两点。

（1）避免华而不实。使用 PowerPoint 制作商务数据分析报告不宜过分地强调对象的生动形象，否则有可能会造成视觉疲劳，或掩盖数据本身的价值。

（2）善用图形对象。由于 PowerPoint 具有动画功能，因此数据分析人员可以充分发挥想象力，巧妙运用各种基础的图形对象来表达数据，然后为这些对象设置动画，呈现动态效果。例如，在幻灯片中插入"不完整圆"形状，然后为其添加"轮子"动画，并用文本框插入对应的数据，即可动态表现出销量、库存等表现数量多少的生动效果。